당신은 성공할 수밖에 없다

당신은 분명
성공할 사람으로 타고났습니다.
원하든 원하지 않든
당신은 삶의 힘에 이끌리어
성공할 수밖에 없습니다.

당신은 실패하고 싶어도
실패할 수 없습니다.
당신의 삶은
성공하는 것이기 때문입니다.

당신은 결코 실패할 수 없습니다.
오로지 성공만 할 수 있습니다.

이렇게 말해 보십시오.
"나는 성공할 운명을 타고났다.
나는 성공할 운명을 타고났기에
오직 성공할 수밖에 없다."

성공하느냐 실패하느냐는
다른 사람이 아닌 바로 내가 하는 일입니다.

- 일레인 맥스웰(미국의 저술가)

열 다섯 번 실패하고 다시 일어섰다

진짜 기회를 만나라

열 다섯 번 실패하고 다시 일어섰다

진짜 기회를 만나라

이창우 지음

모아북스
MOABOOKS

글을 쓰려는 이 순간 무슨 말을 먼저 해야 할지 모르겠습니다.

스물일곱, 아무런 대책 없이 사업에 뛰어든 지 벌써 20여 넌이 지났습니다. 한 편의 필름이 펼쳐지듯 지난 시간이 떠오르며 만감이 교차합니다.

이십대 중반 한창 나이에 병원에서 일을 하다 갑자기 자석요 사업에 발을 들여놓은 후 지금까지, 이곳저곳 이 직함 저 직함으로 수시로 명함을 열 다섯 번씩 바꾸며 대박을 꿈 꿔왔건만 그때의 젊음은 어디로 가고 시간이 유수처럼 흘러 벌써 50을 넘기고 휑하니 빈 머리에 흰머리 늘어가는 중년이 되다보니 정말 기가 막힙니다.

얼마 전 의왕시에 사는 H여사를 만났습니다. 제 강의를 듣고 2000년에 J회사의 주식을 사고 다른 곳에도 투자했다가 어려워져 지금은 성공이고 뭐고 다 포기하고 식당에서 5시부터 밤 11시까지 130만 원을 받고 일하는데 건강까지 나빠졌다며 눈물로 하소연을 하시더군요. 미안함과 죄스러움에 너무나 가슴이 아파 평소 술을 잘하지 못함에도 낮술까지 먹으며 다시 용기를 내시라고 말씀드렸습니다. 예전 그분과 같이 일할 때 거의 매일을 미팅과 교육 그리고 지방 세미나 등으로 함께했던 수많은 시간들을 이제 아픈 추억으로 묻어야 하는 것도 쓸쓸함을 더하게 했습니다.

지난 세월 동안 이 회사 저 회사 옮겨 다니며 사람들에게 큰돈을 벌 수 있다고, 이제 마지막 명함이 되게 하겠다고 얼마나 부르짖었던가요?

저도 모르는 사이에 '떴다방' 이라는 수식어가 붙은 채로 좋은 정보 기가 막힌 마케팅이 있다며 여기저기 불려 다니던 과거 제 모습을 거울 속에 투영해보면 분노가 역류함을 느낍니다.

수 년 전에는 자리 좀 잡나 했더니 외국으로 연수를 다녀오는 동안 회사가 망하는 바람에 하루아침에 조직이 뿔뿔이 흩어져 버리는 일까지 겪어야 했지요. 그때는 '이제 무엇을 하여 가족을 부양해야 하나? 다른 사람들처럼 대리운전이나 공사장 잡부라도 해야 하는 건가?' 고민하며 두세 달을 혼돈과 부담감으로 잠을 설쳐야 했습니다.

고민으로 수척해진 모습으로 부스스 눈 뜬 어느 날 아침이었습니다. 아내가 쭈그리고 앉아 울고 있기에 건강이 안 좋으셨던 장인어른이라도 돌아가셨나 걱정이 되어 "왜 그래? 무슨 일이야?" 했더니 양 볼에 눈물이 흐르는 것을 훔치며 "어떻게 한 달 카드 값이 1,700만 원이나 나와요? 이게 정상적으로 사는 거예요?" 하고 볼멘소리를 하는 것이었습니다.

둘 사이에 잠깐 같은 너무나 긴 무거운 정적이 흘렀습니다.

순간 제 마음속에는 아직 아내가 두 개의 카드와 마이너스통장 합해 3,000만 원이 더 빚으로 있는 걸 모르고 있는 것에 대한 애처로운 마음과, 어차피 한 번은 성공할 텐데 기다린 김에 조금만 더 기다려 주지 못하나 하는 서러움이 함께 북받치더군요.

남편이 힘들고 가슴앓이 할 때 단 한 사람 내 편이어야 할 아내라는 여자가 용기를 주진 못할망정 아침부터 더 기분을 우울하게 하는 속 좁은 여자로 보여 미워집니다. 더 같이 살고 싶지 않아집니다. 아이들은 어쩌야 하나, 억장이 무너집니다. 엎친 데 덮친 격이라고 건강까지 허물어졌습니다. 하지만 인생은 새옹지마가 맞는 걸까요? 결국 아무것도 이루지 못하고 이대로 유통업계를 떠나는구나 하고 만감이 교차하고 있을 때, 우연처럼 귀인을 만나 기적의 사업을 알게 되었습니다.

그리고 너무나 아름답고 열정적이고 소중한 파트너들과 함께 땀과 눈물의 인내로 리버스 그룹이라는 팀을 이루게 되었고 작년에 100억 돌파, 올해는 300억 돌파를 눈앞에 두어 저는 19개월 만에 꿈의 월 1억 고수익 성공자가 되었습니다. 이것이 꿈인가 생시인가 하면서도 더 많은 이들이 꿈을 이루게 하려는 간절함으로 이 책을 쓰게 되었습니다.

수많은 시행착오의 나날들을 통해 얻은 저만의 노하우를 모두 담았습니다. 이 책이 저처럼 너무 많은 시간과 정력을 낭비하지 않고 부업으로 시작해서 정상까지 성공할 수 있도록 돕는 가이드북이 되어줄 것을 믿으며, 누구나 기적을 이루게 하는 주문을 외우며 온몸을 희생하여, 회초리로 자식 교육에 전부를 걸으셨던 강원도 홍천에서 태어나신 민정심 여사에게 이 책을 선물합니다.

이 창 우

월 1억 성공 비법, 당신도 받으실래요?

"내가 태어난 이유는 무엇일까? 내 인생의 궁극적인 목표는 무엇이고 나는 어떤 운명을 타고났을까? 나도 행복해질 수 있을까? 부자가 될 수 있을까?"

살다 보면 누구나 이런 궁금증이 들게 됩니다. 때로는 무엇이든 해낼 수 있을 것 같은 자신감도 느끼지만, 그보다 더 자주는 뭘 해도 안 되는 것 같은 좌절감과 불확실한 미래에 대해 두려운 마음을 느낍니다. 남들은 다 잘사는 것만 같은데 나만 뒤처지고 있는 듯한 기분도 듭니다. 부, 명예, 건강, 사랑, 우정……. 이중 어느 것 하나 제대로 손 안에 쥐어보지도 못하고 이대로 인생을 흘려보내는 것은 아닌지, 가끔은 무서워질 지경입니다.

여러분, 여러분이 생각하는 인생 최고의 가치는 무엇입니까? 여러분은 지금 무엇을 위해 살고 있습니까?

우리가 인생을 살아가는 이유는 분명합니다. 바로 행복해지기 위해서입니다. 그러나 행복이란 것을 거창하게, 복잡하게 생각할 필요 없습니다. 행복이 뭡니까? '내가 원하는 대로 사는 것'이 바로 행복이 아닐까요. 내가 원하는 규모의 집, 내가 원하는 스타일의 옷, 내 취향에 맞는 물건들, 내가 원하는 시간에 내가 만나고 싶은 사람을 만나서 내가 하고 싶은 일을 하는 것이지요. 그렇게 내 삶의 주인공이 내가 되어 내가 원하는 대로 살기 위해서 가장 필요한 것이 무엇입니까?

네, 바로 돈입니다.

우리가 살아가는 현대 자본주의 사회에서는 돈을 무시하고서는 절대로 행복해질 수가 없습니다. 젊은이들이 좋은 대학에 들어가고 좋은 직장에 취직하려고 그토록 애를 쓰는 것은 결국 안정적으로 충분한 돈을 벌기 위한 것이지요. 리스크를 감수하고 주식에 투자하거나 이런저런 적금에 들어 돈을 묶어두는 것 역시 어떻게든 돈을 많이 만들기 위한 고민입니다. 돈을 벌어서 뭐 합니까? 좋은 집을 구합니다. 자동차를 삽니다. 여행을 합니다. 취미생활을 합니다. 진짜로 하고 싶은 내 꿈을 위해 투자합니다.

행복을 위한 조건들 중에서 돈은 가장 크고, 중심적이며, 필수적인 요소인 것입니다.

저는 현재 월 1억을 벌고 있습니다. 네트워크비즈니스를 시작한 지 19개월 만에 이룬 쾌거입니다. 취업이 어려운 시대, 자영업도 힘든 시대에 어떻게 이런 놀라운 성과를 이룰 수 있었을까요?

저는 20년간 숱한 시행착오 끝에 마침내 성공에 이르는 분명한 길을 발견했다고 자부합니다. 아무리 불경기라도 꿈을 이룰 수 있는 방법은 얼마든지 있고, 저는 그 방법을 몸소 실천해 지금의 성공을 손에 넣었습니다.

그런데 많은 분들이 성공을 외치면서도 성공과 먼 길에서 엉뚱한 해답을 구하시더군요. 돈을 벌 수 있는 길이 분명히 있는데 많은 사람들이 그 길을 알지 못하는 것이 얼마나 안타깝던지요.

월수입 1억의 노하우. 궁금하신가요?

걱정 하지 마세요. 이 책 속에 다 있습니다. 저는 이 책을 통해 지금까지 익힌 저의 모든 노하우와 열정의 방법, 도전의식을 쏟아 부어 여러분에게 성공을 위한 가장 명확한 길을 제시할 것입니다.

| 차례 |

Chapter 3 ———

폭풍 성장을 위한 액션 플랜 9S

뉴 스타트!

Chapter 1

세상과의 한판 승부사

7전 8기의 정신으로

,

저는 가진 것이 참 없는 사람입니다. 저에게는 든든한 배경이 되어 줄 부유한 부모도, 좋은 학벌도, 의지가 되어줄 형제도 없지요. 키가 크거나 잘생기지도 못했습니다. 머리가 유별나게 좋은 것도 아닙니다. 살아오면서 크게 운이 좋았던 적도 없었으며 오히려 운이 나쁜 편에 속했다고 할 수 있습니다. 하지만 전 제 인생을 단 한 번도 불만스럽게 여긴 적이 없습니다. 제 가슴은 언제나 성공에 대한 열망과 확신, 도전의식으로 불타오를 따름이었지요. 남들이 안 된다 하는 길도, 남들이 희망이 없다고 하는 일도 저에게는 언제나 도전해볼 만한 일이었으며 새로운 가치 창출이 가능한 일이었습니다. 결국 전 오로지 끈질긴 노력과 열정으로 지금에 이른 것입니다.

저는 소위 말하는 깡촌 출신으로, 경기도 양평군 지평면 월산리가 제 고향입니다. 지금은 모습이 많이 달라졌지만 제가 태어나고 자라던 무렵에는 산이 첩첩하고 그 사이로 드문드문 밭과 논이 보이는 작은 농촌 마을이었습니다. 낡은 검정 고무신을 신고 책보를 둘러멘 채

10리 길을 걸어서 학교에 다녀야 했으니까요. 산으로 들로 땔감을 해 나르느라 무거운 지게질에 이골이 났고 제대로 먹지 못해 키도 남들만큼 자라지를 못했습니다. 그 시절 유일한 오락거리가 학교 운동장에서 동네 친구들과 축구를 하는 것이었는데, 맨발이나 다름없는 고무신 신은 발로 공을 차다가 발을 다치기 일쑤였죠. 한번은 엄지발가락 발톱이 빠지는 큰 부상을 당했는데, 그 일이 계기가 되어 부모님이 쌈짓돈을 털어 축구화를 사주시기도 했습니다. 지금도 종종 조기축구를 즐깁니다만, 그때마다 부모님이 사주신 축구화를 신고 운동장을 달리는 듯 옛 추억에 마음이 뻐근해지고는 합니다.

가난하고 고단한 시절이었지만 이 시설이 없었다면 지금의 저도 없었을 것입니다. 가난했기에 어릴 때부터 갖가지 힘든 일을 하며 세상살이에 필요한 경험을 일찍부터 쌓을 수 있었고, 몸이 부서져라 열심히 일하며 엄격한 사랑으로 절 키워주신 부모님 덕분에 근면과 성실, 무한한 사랑과 희생을 배울 수 있었기 때문입니다.

시련과 고난, 아픔은 인생의 고통에 대한 면역력을 높이고, 성공한 인생을 맞아들이기 위한 일종의 예방주사입니다. 또한 가난이 얼마나 무서운 것인지 일찌감치 체험했기에 성공에 대한 열망도 남들보다 더 뜨거울 수밖에 없었으니, 어린 시절의 가난이야말로 저에게는 가장 큰 시련이자 축복이었습니다.

악동보다는 악바리로

1970년대는 자전거가 무척 귀하던 시절이었습니다. 초등학교 3학년 때로 기억하는데, 옆 마을에 사는 어떤 형이 자전거를 타고 우리 마을로 놀러 온 적이 있습니다. 다행히 한 번 타 봐도 되겠느냐는 제 부탁에 그 형은 순순히 허락해주었지요. 자전거를 난생처음 타는 것이다 보니 페달을 밟기는커녕 안장에 제대로 앉는 것도 어려운 일이었습니다. 여러 번 시도를 했지만 번번이 자전거에 올라타는 데 실패했죠. 어떻게든 자전거 타기에 성공하고 싶어 어린마음에 어찌나 애가 타던지요. 다행히 그날은 처음으로 동네에 전기가 들어와 거리의 가로등마다 호롱불과는 비교도 되지 않을 만큼 밝은 은색 불빛이 길을 밝혀주고 있었습니다. 그러나 어른들 말씀이 오늘은 시험 가동이라 밤 10시까지만 가로등을 켠다는 것이었습니다.

저는 가로등의 불이 나가기 전에 자전거 타기를 정복하겠다고 마음을 굳게 먹고 저녁 먹는 것도 잊어버린 채 자전거에 매달렸습니다. 수없이 넘어지고 자빠지며 자전거와 씨름을 하였지요.

자전거를 타본 분은 알겠지만 자전거가 기울어지는 쪽으로 핸들을 꺾으면 넘어질 일이 없습니다. 하지만 처음 자전거를 타는 초보자는 자전거가 기우는 반대쪽으로 핸들을 꺾기 마련이지요. 저 역시 그

랬습니다. 이론으로는 알았지만 무의식적으로 자꾸만 핸들을 잘못 꺾어 넘어지는 것이었어요. 하지만 무슨 일이든 집중해서 반복하다 보면 성과가 있는 법. 자꾸만 옆으로 쓰러지던 자전거가 어느새 흔들흔들 앞으로 나가게 되었고, 얼마 지나지 않아 언제 넘어졌느냐는 듯한 손으로도 여유 있게 자전거를 탈 수 있게 된 것입니다. 반복되는 훈련과 불굴의 의지로 무의식의 한계를 극복하게 된 것이죠. 이날의 경험은 이후의 저에게 큰 용기를 줍니다. 무엇이건 간절히 원하고, 집중해서 훈련하면 안 될 게 없다는 소중한 깨달음을 얻은 것입니다. 덕분에 저는 동네에서 제일가는 악동 노릇은 못했지만 악바리 근성으로는 따라올 자가 없을 만큼 근성 있는 아이로 통했습니다.

지금도 저는 매순간 최선을 다합니다. 초등학교 말고는 학창시절 반장 한 번 해본 적 없고 명문대학을 나온 것도 아니며 세상을 깜짝 놀라게 할 신기술을 개발한 것도 아니지만 학교에서는 누구보다 열심히 선생님의 말씀에 귀를 기울였고 대학을 다닐 때는 자투리 시간을 활용해 학비와 책값, 생활비까지 벌어가며 공부를 마쳤지요. 지금도 화장실에 갈 때마다 책을 가져가고, 어디든 가까운 곳에 펜과 메모지를 놓아둡니다. 만약 제가 더 나은 내일에 대한 꿈과 열정이 없었다면 지금의 나는 어떤 모습을 하고 있을까요? 대학 재학 시절 학비가 없다고 학업을 중도 포기하였다면? 남들이 이야기하는 좋은 직장에 대충 자리를 잡고 상사의 눈치를 보는 월급쟁이로 살아갔다면……? 아마도 지금처럼 전국에 제 이름으로 사무실을 오픈하지도, 벤츠를 타고 강연을 하러 다니지도 못하지 않았을까요? 무엇보다 여러분과 비전을 공유하며 꿈과 희망을 나누는 소중한 경험을 갖지 못했을 겁니다.

아… 어머니, 나의 어머니

"제가 10년을 덜 살더라도 어머니께서 지금 살아 돌아오셔서 저와 10년을 살 수 있다면 그리하겠습니다."

강연을 할 때마다 저는 이렇게 부르짖습니다. 제 강연의 주제가 효도는 아니지만 저는 항상 제 어머니에 대한 얘기를 빼놓지 않습니다. 세 끼 밥도 먹기 힘든 시절, 몸이 부서져라 쉼 없이 일하며 저를 엄격하게 훈육하신 어머니가 없었다면 지금의 저는 단연코 없었을 테니까요. 어머니는 제 두려움과 배고픔의 방패막이요, 삶의 지혜를 몸소 실천해서 보여주는 큰 스승이요, 크고 깊은 사랑을 아낌없이 퍼부어 제 어린 시절을 무한한 감동으로 가득하게 해준 여신이었습니다. 어머니는 저를 직접 낳아주신 분은 아니지만 제 목숨을 두 번이나 구해준 생명의 은인이기도 합니다.

제가 겨우 서너 살이나 되었을 때의 일일까요. 5일장이 서서 남자 어른들 대부분이 읍내 장터로 가고 없을 때였죠. 건조한 봄날, 어디서 옮겨 붙었는지 작은 불씨가 초가지붕으로 튀었는데 그만 순식간에 집 전체로 불길이 번지게 됩니다. 공교롭게도 그때 집 안에는 어린 저만 남아 잠을 자고 있었지요. 후에 들은 바로는 어머니가 동네 사람들의 만류에도 불구하고 홀로 불길 속으로 뛰어들어 잠든 저를 번쩍 안고 뛰쳐나오셨다고 합니다. 안방 문고리가 뜨겁게 달아올랐을 정도로 열기가 가득했는데도 말입니다.

제가 기억하는 장면은 연기가 피어오르는 잿더미 앞에서 기절했다 깨어난 어머니가 어린 저를 안고 통곡하는 모습뿐입니다. 안 그래도 가난한 살림, 이불 한 채 그릇 하나 건지지 못하고 몽땅 잃고 만 어머니가 얼마나 큰 절망을 느끼셨을지 저는 짐작도 하기 힘듭니다. 다만 하나뿐인 어린 자식은 불에 덴 곳 하나 없이 구해내었으니, 어머니는 금세 삶을 살아갈 용기를 회복하고 다시 일어서실 수 있으셨다고 합니다.

두 번째 기억은 초등학교 1, 2학년 무렵의 일입니다. 여름방학을 맞아 서울에서 촌수가 낮아 조카뻘 되는 고등학생이 저희 집으로 내려왔습니다. 이틀 연속 비가 내려 꼼짝없이 방 안에 묶여 있던 우리는 날이 개자마자 개천으로 멱을 감으러 가는 동네 형들과 의기투합해 먼 길을 따라 나서게 되었습니다. 처음에는 아랫마을 개울에서 놀계획이었지만 어쩌다 보니 독바위라는 큰 강가까지 이르게 되었지요. 형들은 저를 얕은 물가로 데려다 놓고 곧 자기네들끼리 수영을하고 기마전을 하는 등 신나게 놀기 시작했습니다. 수영을 전혀 못하는 저도 이래저래 물도 많이 먹었지만 나름 재미나게 물놀이를 즐기고 있었지요.

얼마나 시간이 지났을까요. 한창 밭에서 김을 매고 있어야 할 어머니가 숨을 헐떡거리며 무서운 얼굴로 나타나더니 다짜고짜 형들을야단치는 것이었습니다. 비 때문에 강물이 크게 불었는데 어린애를위험한 곳에 데려왔다고 말이지요. 멀찍이서 저희를 보자마자 호미를 내던지고 뛰어오신 어머니는 강까지 오느라 너무 많이 걸은 데다물놀이로 지친 저를 들쳐 업고 무려 5km를 쉬지 않고 걸어 집으로돌아왔습니다. 종종걸음을 치는 어머니의 몸에서 나던 흙 내음과 땀내가 지금도 기억납니다. 온몸이 땀에 푹 절어 있어 등에 업힌 제 옷까지 그 땀이 스며들 정도였지만 어머니의 얼굴에는 안도의 빛이 역력했죠. 지금까지도 제 마음을 울컥하게 하는 매우 감동스러운 기억입니다.

어머니는 사실 굉장히 엄격한 분이었습니다. 잘못을 하면 여지없이 회초리를 드는 어머니에게는 어떤 변명도 거짓말도 통하지 않았지요. 학교의 선생님보다도 동화 속 호랑이보다도 제게는 더 무서운 존재였습니다. 어머니는 무엇보다 비겁한 것을 가장 싫어하셨습니다. 중도에 포기하는 것은 더더욱 싫어하셨죠. 지금도 어려운 문제가 생겼을 때 요령을 피우지 않고 있는 힘껏 최선을 다해 부딪치는 것은 타고난 저의 성정 탓도 있겠지만 그보다는 어릴 때부터 받은 훈육 덕분이 클 것입니다.

이제 어머니가 돌아가신 뒤로 어느덧 십 수 년의 세월이 흘렀습니다. 하지만 지금도 저는 매일 어머니의 희생과 사랑, 열정과 용기를 되새기고 있습니다. 지갑에서 질내로 빼지 않는 두 가지가 있는데, 그것은 바로 앞으로의 꿈과 목표를 적은 종이와 어머니의 사진입니다. 제철마다 벌초를 하고 명절이면 어머니의 무덤을 찾아 술을 올리며 제사를 지내지요. 제 육신은 화장해 수목장을 할 것이지만 제 자식들에게 할머니의 묘는 돌봐야 한다고 유언할 것입니다.

언제나 제게 보이지 않는 채찍질을 가했던 "한 번 시작하면 끝을 보라!" 던 어머니의 말씀, 지금 이 순간에도 귓가에 또렷하게 울리는 듯합니다. 가수 태진아가 부른 사모곡이 떠오르는군요. 이 노래만 들으면 1절이 채 끝나기도 전에 눈물을 흘리게 됩니다.

앞산 노을 질 때까지 호미자루 벗을 삼아

화전 밭 일구시고 흙에 살던 어머니

땀에 찌든 삼베적삼 기워 입고 살으시다

소쩍새 울음 따라 하늘 가신 어머니

그 모습 그리워서 이 한 밤을 지샙니다

무명치마 졸라매고 새벽이슬 맞으시며

한평생 모진 가난 참아내신 어머니

자나 깨나 자식 위해 신령님 전 빌고 빌며

학처럼 선녀처럼 살다 가신 어머니

이제는 눈물 말고 그 무엇을 바치리까

어쩌면 꼭 제 마음 같은 노래, 생전의 어머니를 눈물로 떠올리게
하는 가사입니다. 아아, 어머니. 저를 근성 있는, 바른 인간으로 키워
주신 어머니는 제게 언제나 그리운 목마름이요 지금도 가슴을 절절
끓게 하는 이름입니다. 저는 저를 실제로 낳아준 어머니를 지금까지
한 번도 본 적이 없습니다. 아버지가 밖에서 낳아온 아이였지요. 어
머니는 남편이 바람을 피워 낳아온 젖먹이 아이를 헌신적으로 키워
내셨습니다. 따뜻한 마음을 가진 훌륭한 사람이 되어야 한다고, 초등
학교 시절 계란 꾸러미를 들고 10리길을 매일같이 걸어와 담임선생

님께 고개를 숙이던 분이었지요. 그런 어머니였으니, 돌아가신 지 아무리 오래되었다 한들 어찌 그립지 않겠습니까. 이 글을 쓰면서도 눈물이 그렁그렁 맺히네요. 좀 쉬었다가 다시 글을 이어가야 하겠습니다……. 제가 입은 이 절절한 은혜를 세상 사람들에게 어떻게든 되갚아 주어야 하늘나라에 가서 어머니를 만날 수 있을 것 같습니다. 그래야 이 불효막심한 아들이 조금이라도 칭찬받지 않을까요? 여러분, 그러니 우리 모두 꼭 성공합시다.

가슴 뛰는 삶을 찾아

서울로 무작정 올라온 것은 고등학교를 졸업하자마자였습니다. 그때만 해도 대학에 꼭 들어가야겠다는 생각이 없었죠. 어려운 집안 형편을 생각해서 어떻게든 돈을 벌 궁기만 하였습니다. 그래서 들어간 첫 직장이 구로공단에 있는 플라스틱 재생 업체였습니다. 기계가 플라스틱 바가지를 찍으면 그 바가지를 빼서 뒤로 옮기는, 그야말로 몸만 180도 회전하면 되는 단순노동이었지요. 처음에는 내 손으로 돈을 버는 기쁨에 힘든 줄도 몰랐지만 시간이 지날수록 단순노동은 제 적성에 전혀 맞지 않는다는 것을 깨닫게 되었습니다. 평소 사람과 운동을 좋아하는 스무 살 혈기왕성한 저가 할 일은 못 된다는 생각이 갈수록 강해졌지요. 생각다 못해 공장을 그만둔 저는 고민에 고민을 거듭하다 청량리에 있는 월급 8만 원짜리 레스토랑 웨이터로 새로이 취직하였습니다. 주위의 사람들이 공장에서 착실하게 기술을 배우는 것이 장래를 위해 더 좋다며 만류했지만 저는 사람 만나는 일이 그렇게 좋을 수가 없더군요. 폼 나는 유니폼을 입고 손님들을 응대하는 편이 공장에 우뚝 서서 하루 종일 말도 없이 일하는 것보다 훨씬 더 재미있었습니다. 그야말로 저는 서비스직이 적성에 딱 맞는 사람인 것이었지요.

그러던 어느 날이었습니다. 단골손님 한 분이 절 불러 자리에 앉히더니 월급과 근무조건을 묻는 것이었습니다. 제가 미소를 지으며 성심껏 대답을 하자 그 단골손님이 대뜸 "젊은 친구, 나와 같이 일해 보지 않겠나?" 하고 제안했습니다. 알고 보니 그 손님은 제가 일하는 곳보다 규모가 큰 어느 레스토랑의 운영자였습니다. 처음으로 절 인정해 주는 분을 만나니 얼마나 기뻤는지 모릅니다. 저는 그분을 따라 기꺼이 자리를 옮겼습니다. 월급도 8만원에서 12만 원으로 올랐습니다. 돈도 돈이지만 저의 능력을 인정해주는 사람과 함께 일하게 되었다는 게 가장 기뻤지요.

처음부터 사장의 신임을 받고 일을 시작한 터라 새 일터에서의 책임은 훨씬 막중한 것이었습니다. 사장이 자리를 비울 때면 제가 대신해서 레스토랑 전체를 관리해야 했지요. 전보다 비교도 할 수 없이 바쁘고 힘든 나날이 이어졌습니다. 그래도 저를 아껴주는 사람과 함께 일하며 매일같이 새로운 사람들과 부딪치는 것에 만족하며 열심히 하루하루를 살아갔습니다. 그렇게 2년여가 훌쩍 지났을 때였습니다. 사장이 저를 은밀히 불러내더니 대학에 진학하는 것이 어떻겠냐고 권유하는 것이었습니다.

"인생에서 공부가 다가 아니지만 어찌됐건 중요한 것이니 공부를 더해 보는 것이 어떤가? 돈은 나중에라도 벌 수 있지만 공부는 때가 있는 법이거든."

고향에서 하루 종일 고된 농사일에 시달릴 부모님을 생각하면 쉽게 결정내릴 수 있는 일이 아니었습니다. 벌써 고등학교를 졸업한 지 3년이나 지났다는 것도 결심을 어렵게 했지요. 그러다 마침내 제가 마음을 먹고 책상 앞에 앉게 되었을 때는 시험일까지 3개월밖에 남지 않은 때였습니다.

제 평생 그렇게 열심히 공부한 적은 그 전으로도 그 후로도 아마 없을 것입니다. 배가 부르면 잠이 쏟아지는 것 같아 밥도 먹지 않고 새벽까지 공부했습니다. 화장실에서도, 버스 안에서도, 틈만 나면 책을 펼쳤지요. 정말이지 3개월을 3년처럼 보냈습니다. 너무 힘들어 때

려치우고 싶은 생각이 들 때마다 그동안 모은 것이라며 얼마간의 돈을 책갈피 속에 끼워주던 어머니의 거친 손과 주름진 얼굴을 떠올렸습니다. 그리고 그해 겨울, 저는 신흥보건대학교 임상병리과에 합격하게 됩니다. 적성을 생각하지 않은, 그저 졸업 후 취업이 안정적이고 고수익을 올릴 수 있다는 주변의 권유 때문에 선택한 과였습니다.

급한 성격 탓이겠지만, 저는 생각한 것을 바로 실행에 옮기지 못하면 좀이 쑤시는 사람입니다. 말보다는 행동이 앞서나가는 유형이라고 할까요? 그런 적극적인 면 때문인지 대학 생활 내내 아르바이트를 병행하느라 과 엠티 한 번 제대로 가지 못했음에도 인기 있는 선후배이자 신임 받는 학생이었고 그 결과 과 학생회장직까지 맡아 학생들을 대표해 일을 하기도 했습니다. 졸업한 뒤에도 취직 걱정은 남일이었지요. 교수님의 추천 덕분에 한양대학병원에 임상병리사로 바로 들어가 일하게 되었으니까요. 고생스럽고 고달픈 제 인생에도 드디어 서광이 비치는 듯했습니다. 부모님과 친척들도 크게 기뻐하며 저를 자랑스럽게 생각해 주었지요.

하지만 하루 종일 책상에 앉아 현미경을 들여다보는 일은 곧 제 몸을 또다시 근질거리게 만듭니다. 시간이 지날수록 처음 서울에 올라와 했던 플라스틱바가지 만드는 일과 별 다를 게 없다는 생각이 드는 것이었습니다. 제아무리 월급을 많이 준다고 해도 식물처럼 일을 계속했다가는 시들어 죽고 말 것 같은 갑갑증이 저를 못 견디게 했습니다. 결국 사표를 써들고 찾아간 날, 교수님도 제 적성에 맞는 일이 아니라는 걸 아셨는지 아무 말 없이 사표를 받아주시고 "자네에게 맞는 일을 찾을 수 있을 거야" 하고 격려해 주었습니다.

그리고 옮긴 회사가 외국계 제약회사의 영업 일입니다. 예나 지금이나 우리나라의 영업 일 중에서 가장 힘든 것이 바로 보험회사와 제약회사일 것입니다. 그만큼 스트레스가 크다는 소리지요. 하지만 남들이 버거워하는 영업 스트레스가 제게는 그리 크게 문제 되는 일이 아니었습니다. 끊임없이 새로운 사람을 만나고 대화를 하고 설득하는 일이야말로 제가 가장 잘할 수 있고 즐길 수 있는 일이라는 것을 새삼 확인할 수 있었기 때문입니다. 안정적이고 수동적이며 스트레스가 적은 일보다는 예상할 수 없는 변화와 만남 속을 종횡무진하는 일이 저 자신을 훨씬 활력이 넘치는 사람으로 만든다는 것을 분명하게 깨달은 것입니다. 이후 저는 한 눈 파는 일 없이 세일즈맨의 외길을 전력을 다해 걸어왔습니다.

여러분, 여러분을 가슴 뛰게 하는 일을 찾으십시오. 스스로의 열정으로 불타는 사람은 누가 가르쳐주지 않아도 스스로 배우고 성장합니다. 그리고 열정으로 불타는 사람은 귀인이 먼저 알아보고 도움의 손길을 내밉니다. 스스로 배우고 성장하는 사람에게 성공은 필연적으로 따라올 수밖에 없습니다!

논 팔고 밭 팔아 시작한 화장품 세일즈

시골 고등학교 졸업 후 구로공단, 레스토랑 웨이터, 대학병원 임상병리사 등을 거쳐 제약회사 영업직에 안착, 세일즈의 세계에 눈을 뜬 저는 곧 씁쓸한 경험을 하게 됩니다. 누구보다 열심히 일했고 실적도 항상 상위권을 맴돌았음에도 저보다 영업 능력이 떨어지는 제 입사동기가 먼저 승진하고 월급이 오른 것입니다. 유일한 이유는 그 친구가 4년제 대학을 나왔다는 것 때문이었지요. 영업의 세계조차도 실력보다 학력으로 평가하는 모습을 보고 크게 실망한 저는 결국 3년을 채 버티지 못하고 회사를 그만두고 맙니다.

월급쟁이 생활에는 희망이 없다고 판단한 저는 저만의 사업체를 꾸리기로 했습니다. 고민하다 선택한 것이 당시 유망직종 중 하나로 꼽히던 커피 전문점이었죠. 전 퇴직금에 부모님이 수십년간 애지중지 가꿔온 논과 밭을 팔아 마련한 돈을 합쳐 고려대 앞에 작은 커피숍을 열었습니다. 지금 생각해도 참으로 가슴 아픈 불효였습니다.

고향 땅은 부모님들에게 목숨 그 자체라고 해도 과언이 아닙니다. 어머니가 흘린 평생의 땀이 배어 있는 땅을, 생명 같은 그 땅을 어머니는 사회에서 차별받는 아들을 위해 내어주신 것입니다.

커피숍은 금세 자리를 잡아갔습니다. 단골손님도 늘어갔지요. 아직 20대의 젊은 사장이었던 저는 열정과 혼을 다해 가게를 성장시켜 나갔습니다. 하지만 시련의 여신은 아직 제가 멀었다고 생각한 모양이었습니다. 아무래도 저는 불과는 악연인 모양인지, 2년도 안 되어 가게에 화재가 난 것입니다. 공들여 인테리어를 하고 정성껏 가꿔온 공간이 불에 타 처참하게 망가진 모습을 보았을 때의 설망이란……

도저히 다시 일어서기 힘들 만큼, 그야말로 땅으로 꺼져 내려가는 듯한 아득한 절망감이 절 강하게 짓눌렀습니다. 처음으로 하늘이 원망스러워지는 기분을 맛본 순간이었습니다. 하지만 마냥 넋 놓고 무너질 수는 없는 일이었습니다. 연로하신 어머니와 허망하게 날리게 된 고향 땅의 모습이 제게 절망할 틈도 없다며 매섭게 저를 몰아 세웠으니까요.

불타버린 가게를 대충 정리하고 인테리어를 다시 했지만 예전의 모습에 비하면 턱없이 빈약하고 썰렁한 분위기였습니다. 단골들의 발길도 뚝 끊겼습니다. 어떻게 하면 잃어버린 고향 땅과 어머니의 밀음을 되찾을 수 있을까? 그 무렵 제가 골몰한 생각은 이것뿐이었습니다. 그러던 중 다행히 다른 제약회사에서 계장으로 입사제의가 들어왔습니다. 전번 직장에서 보여줬던 제 영업능력을 높이 산 것이었죠. 커피숍을 내놓고 다시 제약회사에 입사했습니다. 그러나 120만 원의 월급으로는 아무리 수를 내어 봐도 땅을 되찾기란 불가능한 일이었습니다.

그때 우연히 코리아나 화장품 회사에서 판매활동을 나온 팀장에게 피부 상담을 받고 거칠었던 피부가 말끔해지는 경험을 하게 됩니다. 만나는 사람들마다 얼굴 좋아졌다고 칭찬을 하니 자연히 화장품 세일즈에 관심을 가지게 됐지요. 그리고 시험 삼아 코리아나에서 첫 교육을 받은 다음날, 다니던 제약회사에 과감히 사표를 제출하고 코리아나에 입사했습니다. 학력과 인맥 위주로 사람을 평가하는 게 아닌, 실적만큼 수입을 얻고 능력껏 승진의 기회가 주어지는 화장품 세일즈야말로 제가 가야 할 길이라는 확신이 섰던 것입니다. 당시만 해도 남자가 화장품을 파는 일 자체가 어색한 시대였지요. 전 코리아나 화장품 회사의 2만여 명의 판매직원 중 유일한 남성이었습니다.

화장품 업계의 신화가 되다

화장품 세일즈를 시작했을 때 처음에는 집안의 반대가 만만치 않았습니다. 미래가 보장된 번듯한 직장을 박차고 나와 고향 땅까지 해먹더니 겨우 화장품이나 팔러 다닌다고 말입니다. 제가 본 비전을 제 가족과 친척들은 전혀 알아보지 못한 것이었습니다.

주위의 반대를 뿌리치고 뛰어들었지만, 남자의 몸으로 화장품 세일즈를 한다는 것은 생각만큼 쉽지 않았습니다. 클렌징, 필링젤, 스크럽제, 에센스, 데이크림, 나이트크림, 트윈케익, 파운데이션 등 무슨 종류가 그리 많은지요. 또 가정방문 판매때는 '남자가 무슨 화장품 외판을 하나, 수상하다' 며 본사로 확인전화를 거는 고객도 있었고, 스스로에게 붙인 별명이 '거절맨' 일 정도로 무수한 거절을 겪어야만 했습니다. 코리아나에 입사해 받은 첫 월급은 겨우 40만원에 불과했습니다. 전에 다니던 제약회사 월급이 120만 원이 넘었으니 수입이 3분의 1로 뚝 떨어진 것이었습니다. 실망스러운 결과이긴 했지만 저는 제가 선택한 길을 포기할 생각을 하지 않았습니다. 면전에서 문을 닫고 돌아서는 고객에게도 미소를 잃지 않았습니다. 화장품 세일즈 분야에서 최고의 전문가가 되겠다는 목표와 할 수 있다는 확신이 뚜렷했기 때문이죠. 무엇보다 저는 스스로를 믿었습니다.

문전박대를 당할 때마다 어떻게 하면 반가운 손님이 될 수 있을지, 고객의 입장에서 고민하고 또 고민했습니다. 많은 거절을 당했다는 것은 그만큼 많은 고객을 만났다는 말이지 않겠습니까. 거절 또 거절 뿐이었지만 저는 점차 저의 외면과 내면이 보다 강인하게 변화해가는 것을 느낄 수 있었습니다. 여성 판매원들과 같은 전략은 쓸 수가 없으니 새로운 전략, 신선한 접근 방식을 계속해서 만들어 나갔고, 결국은 그것이 먹혀들기 시작합니다.

여성판매원들의 경우 고객들에게 직접 마사지와 메이크업을 해주지만, 남자로서 여성고객의 얼굴에 손을 댄다는 것은 여간 부담스러운 것이 아닙니다. 그래서 생각해낸 것이 건강 상태를 측정해 주고 과학적인 피부 컨설팅을 통해 고객의 신뢰감을 이끌어 내는 것이었죠. 정확한 피부상담을 위해 틈만 나면 임상피부학, 미생물학, 한의학 등 전문서적을 읽었고, 모르는 것이 있으면 책을 찾아보거나 전문가를 찾아가 물어보았습니다. 설득력 있는 세일즈를 하기 위해선 단순히 화장품을 파는 데 그치는 것이 아니라 고객의 피부를 개선하는 '피부관리사'가 되어야 한다는 생각이 들었기 때문입니다. 그래서 제 가방 속에는 화장품 카탈로그와 화장품 샘플 대신 흰 가운과 장갑, 혈압계, 그리고 제가 직접 만든 '피부개선 프로그램 도표'가 들어 있었습니다. 고객과 상담할 때는 스스로 전문가라고 생각하기 때문에 흰 가운을 입었고, 고객의 얼굴을 더러운 손으로 만져서는 안되기 때문에 흰 장갑을 착용했지요. '마사지와 메이크업' 대신 혈압계로 고객의 혈압을 체크하고, 본격적인 피부상담에 들어가서는 직접 만든 도표를 활용해 고객의 피부상태를 체크했습니다. 단순히 '이 화장품이 좋으니 써 보라'는 식이 아니라 철저히 고객의 건강과 피부상태에 따른 화장품 사용을 권하고, 피부트러블로 고생하는 고객에겐 먼저 피부상태를 개선시킬 수 있는 프로그램을 짜서 지속적으로 관리해 주었습니다.

곧 저만의 체계적이고 과학적인 피부컨설팅은 기대 이상의 효과를 거두기 시작합니다. 다른 판매원들이 보통 3백만 원의 매출을 올릴 때 저는 혼자서 매달 1천만 원 이상의 매출을 올리게 된 것입니다. 단기간에 이루어낸 놀라운 영업실적으로 입사 1년 반 만에 안양지점 지부장으로 승진했고, 본사에서 수여하는 우수지부장상도 7차례나 받게 됩니다. 우수 영업사원들을 대상으로 실시하는 프랑스 해외 연수과정을 이수한 후인 1996년도부터는 사내강사로 활약하며 전국을 무대로 활동했습니다. 당시의 제 월급이 5백만 원이었으니, 처음 화장품 세일즈를 한다고 했을 때 손가락질하던 친구들이 오히려 부러워할 정도였죠.

1999년 4월에는 매일경제신문과 정보통신부에서 신지식인으로 선정되는 쾌거를 이루게 됩니다. 화장품업계 최초의, 그것도 여자도 아닌 남자의 몸으로 선정된 놀라운 사건이었습니다.

유통혁명, 네트워크비즈니스에 눈을 뜨다

신지식인에 선정된 이후 말 그대로 화장품 업계의 신화가 된 저는 자동차 키를 시동용과 도어용 두 개씩을 들고 다닐 만큼 바쁜 하루하루를 이어갔습니다. 대중의 관심과 언론의 화제 속에 여러 차례 방송에 출연하였고 기업체 및 국가기관의 숱한 강연 요청을 받으며 전국을 종횡무진 했지요. 월 화 수 목 금 내내 서울과 지방으로 강연을 다니다 토요일 오후가 되어서야 집에 돌아오면 손가락 까딱할 힘도 없었습니다. 눈 코 뜰 새 없이 바쁜 나날이었지만 사실 그즈음 제 마음은 마냥 편치만은 않았습니다. 전체 화장품 시장에서 방문판매가 차지하는 매출액은 열 배 가까이 늘었지만 아이러니하게도 판매원들의 수익은 크게 줄고 있었던 것입니다.

너무 많은 업체들이 방문판매 시장에 뛰어들어 경쟁이 치열해진 데다 초기 수백 명에 불과하던 피부 전문 컨설턴트들이 수십 만 명으로 늘어나 각자에게 돌아가는 수익금이 적어진 탓이었습니다. 게다가 백화점, 대형 할인매장, 온라인 쇼핑몰, 저렴한 로드숍의 등장 등 새로운 유통 경로의 활성화도 방문판매 시장을 위협하고 있었지요.

하지만 전체 화장품 시장은 가파른 성장세를 보이고 있었습니다. 10년 만에 30%의 성장률을 보이며 연간 4조 원에 육박하는 규모로 커졌죠. 외모에 대한 개개인의 관심이 크게 높아지고 수요가 다양해진 것입니다. 틀에 박힌 메이크업에서 벗어나 자신의 피부에 맞는 화장품을 찾고 피부과 전문의를 스스로 찾아가며 피부를 개선하기 위해 월급의 몇 배나 되는 돈을 아낌없이 투자하는 사람들이 점차 늘어났습니다. 게다가 이제는 여성뿐 아니라 남성들도 화장품에 대해 관심을 보이기 시작했지요. 화장품이라는 시장 자체는 엄청난 가능성을 품은 채 여전히 충분히 도전해볼 만한 세계였던 것입니다.

결국 문제는 유통 방식의 혁신이었습니다! 저는 새로운 부를 창출하기 위해 다시금 공부를 시작했고, 루안코리아를 만나 지금 이 자리에 이르게 되었습니다. 익숙했던 세계를 떠나 처음부터 다시 시작하는 것은 저에게도 두려운 일이었습니다. 하지만 직접 몸으로 부딪쳐 배운 대로 도전 정신과 열정으로 과감한 승부수를 던졌고, 초기의 어려움과 고통의 시간을 지나 다시금 잠잘 시간이 부족할 정도로 바쁜 나날을 보내고 있습니다.

단 하루도 쉬어야겠다는 생각을 들지 않을 만큼 지금도 저의 열정은 뜨겁고 거셉니다. 아니 오히려 그 어느 때보다 더 용광로처럼 뜨겁습니다. 지금 제가 하는 일이 고객을 만족시키는 피부 컨설턴트, 역량 있는 세일즈맨, 개성 있는 방송출연, 고객 감동 노하우를 전달하는 강사 등으로서 보내던 시절보다 더 진한 보람과 감동을 저에게 선사하고 있기 때문입니다.

그 어느 때보다 더 끈끈한 동료애와 협력 속에서 함께 성장하는 기쁨, 서로의 열정을 북돋고 그것을 통해 나날이 새로운 비전과 꿈을 키워가는 즐거움을 과연 무엇에 비교할 수 있을까요. 무엇보다 저를 통해 희망을 가지게 되었다는 무수한 분들과 사업 파트너 여러분을 만나게 된 것은 축복이나 다름없는 감사한 일입니다.

만약 제가 월급쟁이 생활에 만족했다면, 그리고 불타버린 커피숍 앞에서 절망을 느끼고 그냥 주저앉아버렸다면, 화장품 방문판매의 1인자가 된 것에 만족했다면 평생 맛보지 못했을, 더없이 찬란하고 가슴 벅찬 시간들을 지금의 저는 보내고 있습니다.

이 세상에는 실패를 거듭하다 결국 성공을 이룬 역사적 위인들이 무척 많습니다. 대표적인 사례들을 나열해 보겠습니다.

• 그리스의 철학가 아리스토텔레스는 당시로는 매우 드문 이혼남이었습니다. 두 번째 결혼에서는 그 유명한 악처를 만났지요. 게다가 달변가여야 함에도 불구하고 실제의 그는 말더듬이었습니다.

• 금세기 최고의 천재 물리학자 아인슈타인은 네 살이 될 때까지 말을 못하는 아이였습니다.

• 중력의 법칙을 발견한 아이작 뉴턴은 학창시절 '가망이 없는 학생'이라는 소리를 들을 만큼 성적이 좋지 않았습니다.

• 발명왕 에디슨은 어린 시절 선생님으로부터 머리가 너무 나빠 아무것도 배울 수 없으니 장사를 해보라는 권유를 받았습니다.

• 전설적인 농구스타 마이클 조던은 고교시절 학교 농구팀에서 탈락된 적이 있습니다.

• 한 신문사 편집인은 "상상력이 부족하고 독창적 아이디어가 없다"는 이유로 어느 젊은 삽화가를 해고했습니다. 그의 이름은 월트 디즈

니. 그는 후일 미키마우스를 창조하고 디즈니랜드를 만들어 전 세계인의 우상이 됩니다.

• 위대한 정치인이었던 윈스턴 처칠은 승급 시험에 낙제를 하여 6학년 과정을 한 번 더 다녀야 했습니다.

• 펄벅 여사의 《대지》는 무려 열네 곳의 출판사로부터 거절당한 소설이었습니다. 하지만 펄벅은 나중에 이 소설로 노벨문학상을 받게 됩니다.

• '십계'와 '벤허'의 주연배우로 유명한 찰스 헤스턴은 배우가 되기 전 어느 미술대학의 파트타임 누드모델이었습니다.

세상에는 이처럼 역설의 이야기가 많이 있습니다. 뭘 해도 안 되던 사람이 갑자기 잘되기도 하고 승승장구 잘 나가던 사람이 어느 날 갑자기 무너지기도 합니다. 사람은 누구나 잠깐의 성공자가 될 수도, 잠깐의 실패자가 될 수도 있습니다. 중요한 것은 인생의 마지막에 성공자가 되는 것입니다.

따라서 우리는 마지막의 승리를 위해 달려가야 합니다. 마지막에 실패하면 이전의 성공들은 모두 잊히지만 마지막에 성공하면 이전의 실패 또한 영광의 순간들이 되기 때문입니다.

여러분은 어떤 성공을 원하십니까?

미친 열정으로 올인

,

당신이 타고난 운명에 순종하라.

죽고 사는 것은 운명, 부자와 귀하게 되는 것 또한 하늘에 달려 있도다. 세상의 모든 일은 분수가 이미 정하여져 있거늘 세상 사람들이 부질없이 스스로 바쁘구나.

《명심보감》 중 〈순명편(順命篇)〉에 나오는 내용입니다. 맨 처음 이 글을 읽었을 때는 어찌나 황당하던지 당장 책을 찢어버리고 싶더군요. 《명심보감》의 내용을 다 부정하자는 것은 아니지만, 이 〈순명편〉은 요즘 시대에 정말이지 걸맞지 않다는 생각입니다. 욕심을 버리고 순리대로 살라……!? 도대체 이 순리라는 것이 무엇이란 말입니까? 세상의 모든 일을 타고난 운명에 맡긴다면 누가 최선을 다해 열심히 살아갈 수 있을까요?

한 번 실패한 사업가가 자신의 실패를 운명으로 돌린다면 그는 다시는 사업으로 재기하지 못할 것입니다. 나쁜 배우자를 만나도 자기

팔자려니 주저앉아 불행하게 살 수밖에 없을 것입니다. 부당한 대우를 받아도 제대로 저항할 생각을 못하게 되는 것입니다. '모든 것이 운명이다!' 이런 건 원래부터 권세 있고 돈 있는 사람들에게만 좋은 말이 아닙니까? 출구가 없는 절망감에 빠진 사람이나 넋두리처럼 할 수 있는 말이 아닌가요?

제가 믿는 것은 '하늘은 스스로 돕는 자를 돕는다' 라는 말입니다. 성공할 수 있다는 믿음으로, 노력으로 바꾸지 못할 것은 결단코 없다고 저는 확신합니다.

제가 지금의 성공을 일구게 된 것은 운명을 넘어서고자 하는 의지가 강했기 때문입니다. 중요한 것은 무엇을 하느냐보다 '어떤 마음으로 일을 하고 있느냐' 입니다. 타고난 모습이나 조건 같은 것은 눈에 보이는 사소한 것에 지나지 않습니다. 똑같은 태양이 매일 동쪽에서 뜨지만 그것을 바라보는 우리의 마음은 매일 다른 것과 마찬가지입니다. 물이 담긴 컵을 보고 어떤 사람은 "절반이 비었다"고 하고 어떤 사람은 "절반이 찼다"고 하는 것처럼 말입니다.

깡촌 출신인 제가 처음 보건대학에 가겠다고 했을 때 많은 사람들이 코웃음 쳤습니다. 화장품 세일즈를 하겠다고 했을 때 가족 모두가 결사반대했습니다. 맨 처음 책을 쓴다고 했을 때도 주변 사람 중 누구 하나 귀담아 듣지 않았습니다. 하지만 내 갈 길은 이 길이라는 확신 속에서 도전했고, 그 결과 화장품 세일즈 업계의 신화 같은 존재가 되었으며 벌써 네 번째의 책을 출간하게 되었습니다. 또한 저는 제 인생의 목표대로 죽기 전까지 50권 이상의 책을 써낼 것입니다.

옛말에도 "말하기는 일단 참고 보고, 일하기는 일단 하고 보라"고 했습니다. 무슨 일이든 시작하려고 마음먹었다면 겁먹지 말고 일단 도전하라는 뜻입니다. 워즈워드의 시 제목처럼 '가지 않은 길'이라 하더라도 인생의 갈림길에 서게 될 때마다 도전하는 것을 주저하지 마십시오.

항상 긍정적으로 볼 수 있는 마음을 가진다면 여러분 인생에 장애물은 더 이상 존재하지 않을 것입니다.

꼬박꼬박 월급을 주는 직장에서 계속 일했다면 전 인생의 큰 부침 없이 안정적으로 살았을지 모릅니다. 하지만 지금처럼 열정이 넘치는 삶, 다른 사람과 비전을 공유하는 삶, 어려운 이들을 돕는 멘토로서의 영향력 있는 삶, 평범함을 넘어선 성공을 꿈꾸는 삶을 살아가지 못했을 것입니다.

두근거리지 않는 인생은 제게 아무 쓸모가 없습니다. 저는 언제나 심장을 뛰게 하는 쪽으로 움직여 왔고, 확고한 믿음을 가지고 행동해 왔습니다. 바로 성공할 수 있다는 믿음, 저는 성공하기 위해 태어났다는 믿음이었습니다.

어떤 일에 적당히 미치면 미쳤다는 소리를 듣지만 완전히 미치면 그것은 신화가 됩니다. 저는 코리아나에서 지금의 루안코리아에 이르기까지 비가 오면 비를 맞으며 일했고 햇볕이 뜨거우면 땀을 흘리며 일했습니다. 그만두는 사람은 절대 이기지 못하고, 이기는 사람은 절대 그만두지 않는다는 말을 새기고 또 새기면서 말입니다.

물론 일을 하다 보면 그만두어야 할 상황이 수도 없이 생깁니다. 하지만 그때마다 일을 그만둔다면 제대로 해낼 수 있는 일이 없겠지요. 미국의 기업가 로스 페로는 이렇게 말했습니다.

"사람들은 대부분 성공을 눈앞에 두고 포기한다. 1미터 앞에서 그만둔다. 마지막 몇 초를 남겨 놓고 경기를 포기한다. 골인 지점을 한 발짝 남기고 포기한다."

무슨 일이든 마지막까지 집요하게 물고 늘어지고 포기하지 않는 사람만이 성공의 열매를 맛볼 수 있습니다. 용기 있게 도전하지 않는 사람은 절대로 이뤄내지 못하는 것이 바로 성공인 것입니다.

전부를 걸 만한 꿈이 있습니까?

이 세상을 살아가는 모든 생명체의 결말은 죽음입니다. 최근에는 죽지 않고 사는 세포 단위의 바다동물도 발견되었다는 과학 기사를 보기는 했지만, 인간은 언젠가는 무조건 죽음을 맞이하게끔 생물학적으로 설계되어 있습니다. 부자건 가난하건 뚱뚱하건 날씬하건 똑똑하건 멍청하건 언젠가는 다 죽습니다. 하지만 우리는 '죽어간다'고 하지 않고 '살아간다'고 말합니다. 우리 인간은 기본적으로 인생을 긍정적으로 보고 표현하고 있는 것이고, 긍정적인 태도야말로 삶을 삶답게 만들어주기 때문이 아닐까요.

포기하지 않는 것도 중요하지만 더 중요한 것은 목표를 세우고 그 목표를 이루기 위해 전력을 다하는 것입니다. 성공하려면 그만큼 대가를 치러야 하는 법입니다. 그리고 그 대가란 바로 몸과 마음을 바쳐서 일하는 것입니다.

국민적 영웅으로 떠오른 김연아 선수도 세계의 정상에 우뚝 서기까지 엄청난 시련을 견뎌내야 했습니다. 고난이도의 공중기술을 성공시키기 위해 무려 3만 번이나 차가운 얼음판 위에 엉덩방아를 찧었다고 합니다. '100년에 한 번 나올까 말까 한 천재'로 불릴 만큼 뛰어난 재능과 신체 조건을 갖추고 있었지만 그녀의 완벽한 연기 뒤에는 남들보다 몇 배의 훈련을 소화하는 그녀의 끈기와 투혼이 있었지요.

김연아 선수의 다리를 가만히 보면 발목이 안쪽으로 살짝 휘어 있습니다. 회전과 점프를 완벽하게 하기 위해 어린 시절부터 수없이 훈련한 결과입니다. 발목뿐 아니라 허리도 뒤틀려 있다고 합니다. 대중의 눈에는 더없이 아름다운 모습이지만 사실 그녀의 건강이나 몸 상태는 정상인보다 결코 좋다고 할 수 없는 것입니다. 지금은 은퇴해서 어떤지 모르겠지만 선수 시절에는 하루도 빠짐없이 몸이 아팠다고 하니 그녀의 미소를 떠올리면 절로 경외감이 듭니다. 하지만 이처럼 엄청난 고통이 따르는 훈련을 감당해낸 덕분에 그녀는 세계인의 마음을 사로잡은 '피겨의 여왕'이 될 수 있었지요.

김연아 선수는 어떻게 그런 모진 훈련과 피겨 약체국 선수로서의 온갖 불이익을 견뎌내고 최고의 자리에 오를 수 있었을까요? 그것은 그녀의 목표가 분명했기 때문이었습니다. 처음 피겨를 시작할 때부터 그녀의 꿈은 뚜렷했습니다. 바로 '올림픽에 나가 금메달을 따는 것'이었지요. 그리고 우리 모두가 알다시피 그녀는 세계신기록을 세우며 그 꿈을 이루었습니다.

우리의 '영원한 캡틴' 박지성도 마찬가지입니다. 그의 초등학생 시절 일기를 보면 혀를 내두르게 될 만큼 아주 집요하게 반복해서 쓴 문장이 있습니다. "미래에 나는 국가대표 축구선수가 될 것이다." 그렇게 자신의 목적이 분명했던 아이는 평발이라는 악조건과 넉넉하지 못한 집안 형편에도 불구하고 세계인들을 열광케 한 위대한 축구

선수가 되었습니다.

이처럼 뚜렷한 꿈, 분명한 목적은 지치지 않는 원동력, 끝없이 불타오르는 열정을 공급합니다. 무슨 일이든 한 번 시작하면 끝을 보겠다고 작정하십시오. "난 할 수 없어", "난 능력이 안 돼"라는 말처럼 비겁한 변명은 없습니다. 그만큼 그 꿈이 절실하지 않다는 소리나 마찬가지입니다.

그러나 "전부를 걸고 이루겠다"는 자세는 내면에 잠재된 힘을 크게 끌어올립니다. 확고한 목표를 정하는 순간, 우주의 창조자, 하늘의 신조차 내 편으로 섭니다.

저는 제 인생을 화장품 세일즈에 바쳤습니다. 일하는 동안에는 오직 세일즈에만 집중했습니다. 남들이 일하지 않는 시간에도 일하고, 남들도 일하는 시간에는 더욱 열심히 일했습니다. 맨 처음에는 제가 팔아먹은 어머니의 땅을 되찾고 싶었기 때문입니다. 하지만 지금은 더욱 많은 사람들에게 희망을 주는 전도사가 되고 싶기 때문에 일합니다. 하루도 빠짐없이 목이 쉬도록 강의를 하며 20년간 수많은 시행착오 후 제가 익힌 노하우를 전달하는 이유입니다. 이것이 저의 사명이고, 제가 찾아낸 '목숨을 걸고 할 만한 일'입니다. 사명은 하늘이 곧 절대자가 내리는 명령인 천명과 같은 것이라 가는 길에 두려움 자체가 없는 것입니다.

[이창우의 멘트] **목표 세우기**

목표란 '뜬구름 잡듯이'가 아닌 선명하게 찍힌 사진을 들여다보듯 만들어야
합니다. 목표가 있을 때와 없는 때, 목표가 불분명할 때와 선명할 때는 하루를
보내는 마음과 태도 자체가 매우 달라지기 때문입니다.

우선 자기 자신의 미래를 마음속으로 뚜렷하게 새겨봅시다. 마치 눈앞에 보이
는 것처럼 떠올려야 합니다. 그렇게 어떤 삶을 추구할 것인가를 정확하게 파악
하십시오.

그다음 단계는 어떻게 해야 내가 추구하는 삶을 살아갈 수 있는지 현실적인
상황을 파악하는 일입니다. 우선 자신의 목표가 다음 항목과 잘 맞는지 살펴
봅시다.

1. 모두를 위한 목표인가?

- 개인과 회사를 포함하여 사회적이며 발전적인 공익의 의미를 지닌 목표여야
합니다. 개인의 목표가 사회적 정당성을 갖고 있지 않다면 후일 많은 문제를
야기할 수 있기 때문입니다.

2. 목표 달성 기간이 뚜렷한가?

- 목표는 단기적인 것과 장기적인 것으로 분류됩니다. 단기적인 목표는 1~3년
의 기간을 필요로 하며, 장기간의 목표는 3~7년이 걸리는 것이 보통입니다. 중
요한 것은 '언제까지는 목표를 이루겠다'는 구체적인 계획입니다.

3. 측정이 가능한가?

- 목표를 이루었을 때의 결과를 구체적으로 예측할 수 없다면 목표는 실현성을 잃어버리고 맙니다. 목표를 이루었을 때 당신의 삶은 어떤 변화를 맞이하게 될까요?

4. 구체적인 것인가?

- 목표는 일반적인 모호한 것이 아니라 구체적인 형태로 잡혀 있어야 합니다. '매출 신장' 이라는 목표보다 '월 천만 원, 연 1억 2,000만 원 달성' 이 훨씬 더 구체적이고 능률에도 효과적입니다.

6. 달성 가능한 것인가?

- 목표란 현실적이어야 합니다. 목표를 이루기 위해 실천할 수 있는 일이 없다면 목표라는 의미 자체가 퇴색되어 버리겠죠.

6. 탄력적인가?

- 목표는 돌에 새긴 비문처럼 불변의 것이어서는 안 됩니다. 만약 경기가 좋다거나 주변 환경이 긍정적으로 변했다면 목표를 좀 더 상향 조정할 필요가 있습니다. 반대의 경우엔 하향 조정해야 할 테고요. 목표란 어디까지나 실현 가능한 것이어야 합니다.

7. 목표에 순위 매기기

- 목표에도 선택과 집중이 필요합니다. 목표의 중요성에 따라 주요 목표와 부

차적인 목표를 설정합시다. 예를 들어 뷰티플래너로 입사를 했는데 화장품에 대한 지식이 부족하다고 해서 판매에는 소홀히 한 채 교육받는 것에만 골몰한 다면 오히려 교육을 받는 의미가 없겠지요.

성공하고 싶다면 세포까지 바꾸자

현재 여러분의 모습은 과거의 여러분이 선택한 결과입니다. 수입이 적어서 불만인가요? 살을 빼서 날씬해지고 싶다고요? 행복한 가정을 원하십니까?

그렇다면 왜 지금 당장 실행에 옮기지 않는 겁니까? 당장 음식을 줄이고 운동을 시작하지 않는 건지요? 무의미한 술자리를 걷어치우고 집에 일찍 들어가서 TV를 끄고 자기계발을 하거나, 배우자와 아이들에게 더 관심을 기울이지 않는 것입니까?

돈이 없어서, 시간이 없어서 생활을 바꾸지 못한 것은 핑계에 불과할 뿐입니다. 현재의 생활에 변화를 일으키지 않고 미래의 성공을 꿈꾸는 것은 헛된 망상에 지나지 않습니다.

곰곰이 생각해 보십시오. 부자가 되고 싶은데 아무것도 하지 않는 것은, 사실 노력해봤자 부자가 될 수 없을 거라는 두려움 때문이 아닌지요? 살을 빼고 싶은데 눈앞의 음식을 그냥 입에 넣는 것은, 결국 다이어트가 실패하고 말 거라고 지레 포기하는 마음이 들어 있기 때문이 아닙니까?

어느 마을에 매우 가난한 사람이 살았습니다. 어느 날 그를 불쌍히 여긴 부자가 그를 부자가 될 수 있도록 도와주어야겠다고 생각하고 소 한 마리를 보냈습니다. 그리고 이 소로 땅을 잘 갈아 놓으면 봄에 씨를 뿌려 가난을 벗어날 수 있을 것이니 열심히 일하라고 당부했죠.

가난한 사람은 희망에 가득 차 열심히 땅을 갈기 시작했습니다. 하지만 소에게 먹일 풀을 매일 구하는 것이 점차 힘에 부치기 시작했죠. 결국 가난한 사람은 소를 팔아 양 세 마리를 사서 키우기로 마음먹었습니다. 한 마리는 먼저 잡아먹어 배를 채우고 나머지 두 마리는 잘 키워서 번식시키면 더 큰 돈을 벌 수 있겠다고 생각한 것입니다. 하지만 새끼 양은 생각만큼 빨리 태어나지 않았습니다. 기다리는 데 싫증이 난 가난한 사람은 참지 못하고 양을 한 마리 더 잡아먹었죠. 남은 한 마리로 무엇을 할 수 있겠습니까? 가난한 사람은 이번엔 양을 팔아 닭을 몇 마리 샀습니다. 닭들이 달걀을 낳고 그 달걀이 다시 닭이 되면 시장에 내다 팔 생각이었던 것입니다. 금방이라도 생활이 필 것 같아 가난한 사람은 싱글벙글이었죠. 하지만 아무리 기다려도

병아리가 태어날 기미를 보이지 않았고, 가난한 사람은 다시 닭을 차례차례 잡아먹기 시작했습니다. 겨우 닭 한 마리만 남았을 때 가난한 사람은 낙담하여 생각했습니다.

'이제 부자 되기는 글렀군. 이 닭으로 술이나 한 병 사마시고 근심 걱정을 잊는 편이 낫겠어!' 결국 그는 마지막 닭까지 잡아먹고야 맙니다.

봄이 되어 부자는 기대에 부푼 마음으로 갖가지 씨앗을 들고 가난한 사람을 찾아왔습니다. 하지만 가난한 사람은 술에 취해 있었고, 소는 보이지 않은 채 집안 꼴은 예전과 달라진 데가 없었습니다. 부자는 크게 실망해 되돌아갔고, 가난한 사람은 일생을 가난하게 살았습니다.

여러분, 이 이야기에서 무엇을 얻으셨습니까? 이 이야기에 담긴 중요한 메시지는 바로 포기도 습관, 가난도 습관이라는 것입니다.

부유하게 살고 싶다면 먼저 부유한 생각을 하고 부유한 습관을 몸에 붙여야 합니다. 부자의 마인드를 가진 사람은 종자돈에 절대로 손을 대지 않습니다. 철저하게 계획을 세우고 그 계획을 실행시키기 위해 남다른 끈기와 인내심을 발휘하지요.

성공한 사람의 습관을 여러분의 것으로 만드십시오. 실패를 부르는 습관은 하루 빨리 던져버려야 합니다.

물론 몸에 밴 습관은 하루아침에 고쳐지지 않습니다. 성공자의 습관을 몸에 익히려면 철저한 연습과 노력이 필요한 것입니다. 또 그 과정에서 겪게 될 수많은 난관들을 극복해야 합니다. 또 마침내 성공한 사람이 되었다고 해도 성공으로 이끈 습관만큼은 잊어버려서는 안 됩니다.

미국 화장품업계 메리케이의 창업자 메리 K. 애시는 백만장자가 된 뒤에도 물건을 싸게 살 수 있는 할인쿠폰을 열심히 모았다고 합니다. 어려운 시절부터 몸에 익힌 습관 때문이었습니다.

나쁜 습관은 쉽게 얻어집니다. 하지만 좋은 습관은 반드시 대가를 치러야만 얻을 수 있다는 걸 명심하십시오. 때로는 힘들게, 때로는 아프게 배우고 익혀야 하는 것입니다.

미국의 발명왕 토머스 에디슨은 이렇게 말합니다.

"사람들이 성공의 기회를 놓치는 이유는, 기회가 '힘든 노동'이라는 옷을 걸치고 있기 때문이다."

즉 인생에서 성공하기 위해서는 '힘든 노동'을 통해 좋은 습관을 내 것으로 만들어야 한다는 귀한 조언입니다.

랄프 왈도 에머슨은 "좋은 습관은 희생을 지불함으로써 만들어진다"고 했습니다. 철학자 베이컨은 "습관은 몸과 마음에 매우 큰 영향을 주어 인생 전체를 좌우한다. 따라서 좋은 습관을 기르는 것은 무엇보다 중요하다"고 했지요.

성공하고 싶다면 지금 당장 부유의 습관들을 실행에 옮기십시오. 세포까지 바꾸겠다는 각오로 임해야 합니다.

성공한 사람들의 습관 네 가지 배우기

시중 은행의 부자마케팅 담당자, 부자클럽 관계자들을 만나 보면 부자들에겐 일반인이 잘 모르는 공통적인 습성이 있다고 합니다. 부자가 되는 데는 그만한 이유가 있다는 것이죠. 그들이 이야기하는 부자들의 습성은 다음과 같습니다.

첫째, 부자들은 잘 따집니다. 물에 물 탄 듯, 술에 술 탄 듯 넘어가는 법이 없습니다. 무슨 일이든 열정을 가지고 달려든다는 얘기입니다.

둘째, 밥이나 술을 살 땐 반드시 이유가 있다고 합니다. 공돈을 쓰지 않는다는 말입니다. 만날 가치가 있는 사람만 만난다는 말입니다.

인맥을 잘 관리한다는 말입니다. 어떤 사람을 만나야 합니까? 바로 열정이 있는 사람입니다. 야망이 있는 사람, 성공에 대한 꿈이 있는 사람을 만나십시오.

셋째, 신문, 잡지, 책 등을 많이 읽는다는 것입니다. 부자가 되고 싶다고 입버릇처럼 말하면서 공부 안 하는 분들, 새겨들어야 할 부분입니다. "책을 한 권 읽는 사람은 책을 서른 권 읽는 사람의 노예가 된다." 바로 미국의 전설적인 대통령 링컨이 한 말입니다. 여러분, 책 읽기를 게을리하지 마십시오. 한 권의 책에는 한 인간의 경험의 총체가 들어 있습니다. 책을 많이 읽으면 읽을수록 그만큼 성공의 경험이 쌓인다고 생각하십시오.

넷째, 아침에 빨리 일어나고 부지런합니다. 시간의 소중함을 아는 사람만이 성공할 수 있다는 얘기입니다.

우주가 탄생한 지 150억 년이 되었고 지구는 탄생한 지 45억 년이 지났다는 것을 아십니까? 길어야 100년 안팎 사는 우리들로서는 상상하기도 벅찰 만큼 긴 시간입니다. 우주의 나이를 생각하면 인간의 한평생은 그야말로 눈 깜짝할 정도로 짧습니다. 그야말로 1분 1초가 아까운 인생인 것입니다. 그러니 잠시라도 허투루 보내는 시간이 있어서는 안 되겠지요.

시간은 억만금을 줘도 살 수가 없습니다. 성공한 사람 중에 시간을 헛된 곳에 쓰는 사람은 단 한 명도 없다는 것을 명심하십시오.

저는 오래전 커피숍을 화재로 날리고 난 직후에는 한동안 무의미한 하루하루를 보냈습니다. 일생에 있어서 그때처럼 시간을 낭비한 적이 없었지요. 요즘처럼 분초를 아껴가며 바쁘게 지내는 지금, 할 수만 있다면 그때의 시간을 다시 가져와 쓰고 싶을 지경입니다. 현재에 충실하십시오. 오늘을 성실하게 보내야 더 빛나는 내일이 올 수 있습니다.

시간을 효율적으로 사용하는 좋은 방법을 하나 알려드리자면 데드라인을 명확하게 정해두고 일하는 것입니다. 샤워는 15분 안에 끝내겠다, 텔레비전은 무슨무슨 프로만 보겠다, 요리와 설거지는 한 시간 안에 끝내겠다 등등 일을 시작하기 전에 마감 시간을 명확하게 정해두는 것이지요.

지는 습관을 버리고 이기는 습관을 익히십시오. 가난의 습관을 버리고 부자의 습관을 익히십시오. 부자의 삶을 살 것이냐 가난한 삶을 살 것이냐는 전적으로 여러분의 선택에 달려 있다는 것을 명심해야 합니다.

많은 사람들이 인생에 대한 목표를 남들의 눈을 기준으로 세웁니다. 자신만의 개성과 가치를 살린 자기만의 인생 기준을 잃고 몰개성화되어 가는 것을 보면 안타까울 따름입니다. 인생이란 행복을 추구하는 여행이라고 저는 생각합니다.

흔히 볼 수 있는 단체 여행객처럼, 가이드의 자그마한 깃발을 따라다녀야 하는 여행보다 내가 가고 싶은 곳에서 내가 원하는 시간만큼 머물 수 있는 자유여행이 훨씬 의미있고 재미있는 법입니다. 인생도 마찬가지입니다. 다른 사람의 말이나 견해보다 자기 자신의 생각이 중요합니다. 저 역시 남들이 말하는 안정적인 직장에 머물러 있었다면 지금처럼 성공하지 못했을 겁니다. 죽어버린 눈빛으로 하루하루 무의미하게 살아가고 있을지도 모를 일이지요.

"이상은 높게, 우정은 길게, 사랑은 깊게"라는 말이 있습니다. 여기에서 제가 밑줄을 긋고 싶은 부분은 '이상은 높게'라는 구절입니다. 여러분, 꿈은 크면 클수록 좋습니다. 절대로 아래쪽을 보며 안도하지 마십시오. 다른 사람의 어려움이나 아픔을 통해서 위안을 얻지 마십시오. 교회나 성당에 가서 반지하에 살고 있는 분의 '간증'을 듣고 공감은 하여도 위안으로 삼지는 마세요! 꿈을 상향 조정하십시오. 최고의 삶을 꿈꾸십시오. 삶의 주인공은 당신 자신입니다. 삶의 기준이 되는 것도 '나' 여야 하지 다른 사람의 가치관이나 견해는 아무런 상관이 없는 것입니다.

저에겐 언젠가 꼭 짓고 싶은 저만의 빌딩이 있습니다. 1층에는 커피 향기 가득한 북카페가 있습니다. 이곳에서 커피도 마시고 영혼을 풍성하게 하는 책도 자유롭게 읽을 수 있습니다. 2층은 가족과 함께 오붓하게 식사를 즐길 수 있는 패밀리 레스토랑입니다. 3~4층은 복합문화공간으로 영화도 보고 쇼핑도 할 수 있습니다. 5층은 바로 여러분과 함께할 공간입니다. 세미나실과 소규모 모임방이 있어서 언제든 저의 비전을 공유하며 더 큰 이상을 실현해나갈 일터입니다. 6층은 저와 제 가족들이 살 집으로 꾸밀 생각입니다. 손님이 왔을 경우 편히 묵을 수 있는 게스트룸도 있어야겠지요. 옥상에는 정원을 꾸미고 산책할 수 있는 작은 오솔길도 만들겠습니다. 가끔은 새가 날아와서 낭랑한 목소리로 노래하다 갈 만큼 정감 있고 아름답게요. 아, 지하층에는 넉넉한 주차장은 물론 하루의 스트레스를 풀며 친구들과 즐거운 시간을 보낼 수 있는 이탈리안바가 있을 겁니다.

이것은 제 상상속의 빌딩이 아닙니다. 언젠가는 실제로 지어질, 청사진까지 또렷하게 나와 있는 제 목표입니다. 이 빌딩을 어느 땅에다 지을지도 전 다 계획해 놓았어요. 앞으로 10년 안에 이루게 될 제 목표 중 하나입니다.

여러분은 어떤 빌딩을 세우고 싶습니까? 여러분이 갖고 싶은 꿈의 빌딩은 무엇입니까? 그것은 어디에 있습니까? 꼭 빌딩이 아니어도 좋습니다. 여러분이 소유하고 싶은 것, 누리고 싶은 삶의 형태를 지금, 머릿속에 그려보십시오. 선명하게 그려지면 그려질수록 가슴이 뛰지 않습니까?

가난을 끊으십시오. 절망은 여러분의 것이 아닙니다. 목표를 정하십시오. 꿈을 심고 열정이란 이름의 거름을 주십시오. 그리고 그것을 여러분만의 빌딩으로 키워나갑시다. 할 수 있습니다.

나는 아직 성공에 목마르다

솔직히 말해 전 아직 제가 성공에 이르지 못했다고 생각합니다. 하지만 많은 분들이 저를 성공한 사람으로 보고 있지요. 분명 평범한 기준에서는 저는 성공한 사업가가 맞을 겁니다. 다만 저의 성공 기준이 일반적인 잣대보다 훨씬 높을 뿐입니다.

다른 사람들로부터 성공했다는 말을 들으면 기분이 매우 좋지만, 제가 원하는 성공 수준에 이르려면 아직은 갈 길이 멀기만 합니다. 갈 길이 멀다는 것은 곧 도전할 것이 아직도 많이 남아 있다는 말이지요. 당연히 이런 도전 의식은 제 열정을 더욱 불태우게 합니다.

일단 목표를 이루었다, 성공했다고 생각하게 되면 보통은 그 자리에 안주해 버리기 마련입니다. 더 이상 동기부여나 노력을 지속하기가 어려워지죠. 반면 출세한 사람으로 불리면서도 꿈과 열정을 계속해서 불태우면 정말로 대단한 인물이 될 뿐 아니라 온 세상 사람들의 주목을 받게 됩니다.

제 꿈은 연 수입 100억을 달성하는 것입니다. 그래서 저만의 꿈의 빌딩을 짓고, 더 나아가 아프리카의 굶주리는 어린이들을 위해 학교와 병원을 세우고 우리나라의 불우한 환경에 놓인 청소년들이 마음껏 자기 꿈을 펼칠 수 있도록 학비를 지원하며 살고 싶습니다. 그리고 충분히 그 꿈을 이룰 수 있다는 확신 속에서 차근차근 목표를 향해 나아가고 있습니다.

만약 지금 남들보다 더 좋은 성과를 내고 있다고 하더라도 우쭐해지지 마십시오. 보통사람보다 약간 더 낫다고 해서 안주해서는 안 됩니다. 그리고 여러분의 성공으로 세상을 어떻게 더 좋아지게 만들 수 있을지 고민해 보시기 바랍니다.

성공 인생은 3막이다

성공은 단순히 한 사람의 부와 명예에서 그치지 않습니다. 여러분이 성공하게 되면 여러분의 가족도 편안해집니다. 우선 충분히 넓은 집에서 살게 되겠지요. 또한 돈 걱정 없이 자아실현에 집중할 수 있겠지요. 가족뿐이 아닙니다. 여러분이 속한 지역사회 역시 편안해집니다. 저 같은 경우엔 이번에 아너 소사이어티(1억 원 고액기부모임) 사회복지공동모금회에 1억 원을 기부할 예정입니다. 사회로부터 소외되신 분들이 조금이라도 꿈과 희망, 용기를 얻기를 바라는 마음에서입니다.

온갖 역경과 고난을 이겨내고 자기와의 싸움에서 승리해서 성공을 쟁취한 사람들은 절대로 내 이웃의 고통을 외면하지 않습니다. 부모 재산 편안하게 물려받은 사람들 얘기를 하는 게 아니에요. 자수성가로 크게 성공한 사람들의 공통점이 바로 사회와 인류에 대한 봉사 정신을 가지고 있다는 겁니다. 단순히 이익만 추구해서는 크게 성공할 수가 없습니다. 왜냐면 이익만 좇는 사람에게는 사람이 따르지를 않기 때문입니다.

영웅적인 기업인들을 보면 개인의 이익은 물론 사회적 이익과 인류의 복지까지 고민한 분들이 많습니다. 세상도 함께 좋아져야 지속

가능한 이득이 주어진다는 핵심을 간파했기 때문입니다.

저는 인생이 크게 3막으로 이루어져 있다고 생각합니다. 1막은 하늘이 내린 사명을 찾을 때까지이고, 2막은 전부를 걸고 그 사명을 완수해 내는 과정이며, 3막은 내 작은 수고로 인해 더 이름다워진 세상을 보며 기쁨으로 눈을 감을 때까지입니다.

미국의 흑인 인권을 위해 생애를 바쳤던 마틴 루터 킹은 "목숨을 걸 만한 일을 발견하지 못한 사람은 살 자격이 없다"고 했습니다. 다소 과격한 언사이긴 하지만 저 개인적으로는 무릎을 탁 치게 한 명언이었습니다.

신이 우리를 지구라는 별에 보낸 이유는 신나게 놀기만 하라는 것은 분명 아닐 것입니다. 삶이라는 과정을 충실히 지나오는 동안 저는 제게 아주 특별한 사명이 있음을 시시각각 되새기게 되었습니다. 그래서 전 제 개인의 성공을 넘어 사람들에게 희망을 전하는 일을 제가 살아 있는 한 계속해서 이어나갈 것입니다.

여러분의 사명은 무엇입니까? '나는 누구이며 어디로 가는지' 다시 한 번 생각해 봅시다.

세계적인 부자들이 가진 성공의 습관들은 무엇일까요?

• "다른 사람의 좋은 습관을 내 습관으로 만든다" - 빌 게이츠
명실상부 세계 최고 부자로 손꼽히는 빌 게이츠 마이크로소프트 회장
은 언제나 새로운 생각, 새로운 도전 의식을 가진 사람들의 말과 습관
을 귀담아 듣고 그것을 자기 것으로 만들었습니다.
이러한 오픈마인드와 적극적인 수용 자세는 빌 게이츠가 갑부의 위치
에 오른 뒤에도 교만해지지 않고 세계 최고의 멘토이자 리더로 성장하
는 발판이 되었습니다.

• "나는 보통 사람의 평균보다 5배 정도 더 읽는다" - 워렌 버핏
온전히 자력으로만 세계 부자 2위에 오른 워렌 버핏은 독서광으로 유
명합니다. 16살 때 이미 사업 관련 서적을 수백 권을 독파했을 정도였
죠. 주식으로 큰 성공을 거둔 뒤에도 아침에 눈을 뜨자마자 책을 읽고
잠자리에 들 때도 손에서 책을 놓지 않았다고 합니다. 정보 싸움이 곧
투자의 성공인 주식시장에서 워렌 버핏이 마이더스의 손으로 불릴 수
있었던 것은 바로 지독한 독서습관을 지니고 있기 때문이었습니다.

• "나는 매일 다른 사람들과 점심식사를 한다" - 하워드 슐츠
전 세계에 1만 2천여 개의 매장을 보유한 세계 최대 커피 체인점의 주

인공 하워드 슐츠가 무엇보다 중시했던 것은 바로 인간중심의 경영철학이었습니다. 특히 그에게는 다른 사람과 점심식사를 하면서 다양한 사람들을 접하는 습관이 있었는데, 이것이 바로 그의 성공 신화를 뒷받침하는 성공 습관이었습니다.

• "사람들과 스스럼없이 포용하라." - 오프라 윈프리
오프라 윈프리의 유명한 어록 중엔 "나는 교황과도 포용할 수 있다"는 말이 있습니다. 그만큼 그녀가 사회적으로 지위가 높건 낮건 간에 쉽게 다가가 편하게 해주는 탁월한 능력을 지녔다는 얘기이겠죠. 지금도 출연자들과의 격의 없는 포옹은 오프라 윈프리의 트레이드마크입니다. 토크로 풀 수 없는 정서적 커뮤니케이션을 중시하는 태도야말로 그녀를 '토크쇼의 여왕'으로 오랫동안 군림하게 한 성공의 습관이었습니다.

이처럼 고난과 좌절 속에서도 꿋꿋이 꿈을 이뤄낸 세계 최고 거부들은 나름의 성공 습관을 가지고 있습니다.
"습관이란 인간으로 하여금 그 어떤 일도 할 수 있게 만든다."
러시아의 대문호 도스토예프스키 남긴 격언입니다. 그의 말처럼 습관이란 한 사람의 삶을 좌우할 만큼 중요한 요소입니다. '작은 습관 하나가 인생을 바꾼다' 는 말은 만고불변의 진리인 한편 부자가 되기 위한 필수요소인 것입니다.
여러분이 가진 성공의 습관은 어떤 것입니까?

선택, 네트워크비즈니스

;

여러분 인생의 주인공은 누구입니까? 지금 이 자리에서 "내 인생의 주인공은 나"라고 당당하게 말할 수 있는지요?

예를 들어 제가 지금 월세나 전세로 살고 있다고 칩시다. 어느 날 집주인이 월세나 전세를 올려 받겠다고 통보를 해옵니다. 올려줄 수 없다면 나가라고 합니다. 제가 아무리 그 집에서 오래 살았건, 제 딸 아이들이 '우리 집'으로 부르건 말건, 그곳에 살지 안 살지를 결정하는 건 제가 아니라 집주인이 되는 것이죠. 어디서 어떻게 살지 내 뜻대로 결정하지도 못하는데, 과연 그런 상황에서 "내 인생의 주인공은 나"라고 말할 수 있을까요?

삶이 나에게 진정 추구하는 것이 뭘까요? 그것은 바로 '나 스스로 내가 원하는 대로 내 인생을 결정하고 주도하는 삶'입니다.

가난은 영혼을 병들게 한다

가난은 영혼을 병들게 합니다. 예를 들어볼까요? 여러분이 실력이 뛰어나지만 가난한 화가라고 칩시다. 예술가로서의 자부심은 높지만 그림이 잘 안 팔려서 어린 자식들을 제대로 먹이지도 입히지도 못하고 있다고 칩시다. 그때 어떤 사람으로부터 초상화를 그려달라는 의뢰가 들어옵니다. 그 사람은 사실 과거에 여러분에게 못된 짓을 했던 원수나 다름없는 사람입니다. 오래 전 일이라 내색은 못하지만 사실 여러분도 그 사람을 속으로 몹시 미워하고 있습니다. 그런데 그 사람은 지금 엄청난 부자입니다. 게다가 자신의 초상화를 그려주는 대가로 몇 년은 걱정 없이 먹고 살 만한 막대한 액수를 주겠다고 합니다.

자, 여러분은 그의 초상화를 그려주겠습니까? 마음으로야 멋지게 거절하고 싶겠죠. 하지만 여러분은 부자의 제안을 받아들일 뿐 아니라 정성을 다해 그 부자의 얼굴과 표정을 미화시켜서 그릴 것입니다. 의뢰자인 부자의 마음을 만족시키기 위해서 말입니다.

그 화가는 가난에서 벗어나기 위해 자신의 예술혼을 판 것이나 다름없는 것입니다. 이처럼 가난은, 영혼을, 병들게 합니다.

즉 우리는 우리의 양심에 따라 소신껏 살기 위해서라도 경제적인 안정을 이루어야만 하는 것입니다. 그리고 21세기 현 시점에서 경제적인 안정을 이루어 주는 유통의 혁명인 네크워크비즈니를 알아야 합니다.

부자는 10년 후를 내다본다

큰 재산은 하늘에서 내린다는 말이 있긴 하지만 열심히 일하고도 부자가 되지 못하는 사람이 요즘은 너무나 많습니다. 평생을 성실하게 직장생활을 해도 퇴직할 무렵이면 노후자금은 꿈도 꿀 수 없는 처지이거나, 자영업에 뛰어들어 불안한 생활을 이어가는 경우도 많죠.

더 무서운 것은 흔히 고소득 전문직이라고 하는 변호사, 회계사, 변리사 등의 전문직 가운데 약 15%가 연 매출 2,400만원도 이루지 못한다는 사실입니다. 시험에만 통과하면 무조건 상류계층으로 진입하던 시절은 끝난 것입니다.

부자와 가난한 사람들의 차이점은 부를 창출하는 시스템을 가졌느냐 갖지 못했느냐의 문제입니다. 또 미래를 멀리 내다볼 수 있는 안목을 가졌느냐 못 가졌느냐도 중요합니다. 가난한 사람들은 하루, 길어야 1년을 내다보며 살아갑니다. 중산층은 1년에서 5년 앞을 내다보며 산다고 하지만 실제 5년 후의 계획을 가진 사람은 드물지요. 반면 부자들은 10년 이상을 내다봅니다.

세계에서 처음으로 네트워크마케팅을 시작한 회사는 미국의 뉴트리라이트였습니다. 이 회사는 1934년에 '캘리포니아비타민' 으로 창업했는데, 1939년에 회사명을 바꾸면서 네트워크마케팅의 원조가 된 유통 방식을 채택했지요. 이 기업이 꾸준하게 발전한 결과가 지금의 암웨이 회사입니다. 그로부터 20년 후인 1960년경에 네트워크마케팅 시스템을 채택하는 회사는 200개로 늘어나게 됩니다. 불모지나 다름없던 상황에서 20년 만에 엄청난 비율로 증가한 것입니다.

네트워크마케팅 회사의 발전과 잠재성에 주목하는 이유는 바로 이 같은 이유 때문입니다. 장수기업관련 연구에 따르면 인간에게 수명이 존재하듯 기업에게도 평균적인 수명이 존재하는데 지금까지 생성되고 사라진 모든 기업들의 대략적인 평균 나이가 30년에 불과한 것으로 조사되었습니다.

기업의 정글이라고 불리는 미국에서 70년 가까이 네트워크비즈니스 모델을 기반으로 눈부신 성장을 이룩한 기업들이 존재한다는 것은 단순히 '운이 좋다' 는 것으로는 설명할 수 없는 것입니다. 또한, 미국 네트워크마케팅 사업의 선두 주자인 암웨이의 밴 앤델 회장이 2001년부터 2년간 미국 상공회의소 회장을 역임한 후 현재는 미 상의 최고운영위원회 이사직을 맡고 있는 것 역시 밴 앤델 회장의 정치력이 뛰어나기 때문만은 아닐 것입니다.

1980년대 전까지는 '자영업자' 라는 말에 부정적인 어감이 있었습니다. 하지만 80년대에 컴퓨터가 보급되기 시작하면서 비즈니스의 개념에 일대 혁명이 일어나게 됩니다. 전문 투자가가 아닌 보통 사람들이 현금이나 연금, 투자 신탁을 증권이나 부동산에 투자하여 몇 배의 수익을 올리는 사업가가 되는 것이 갑자기 자연스러운 일이 되어버렸죠. 네트워크마케팅도 그러한 혁명의 일부였습니다.

이제 한국도 수년전 공정거래위원회가 법제화를 토대로 방판법 개정으로 공제 조합이 생겨 제도권 안으로 들어왔고 라이센스가 있는 기업은 소비자 보호를 받는 장을 마련하였습니다. 네트워크마케팅은 외국에선 이미 오랜 세월 검증 과정을 거친 합법적인 사업일 뿐 아니라, 진취적이고 비전 있는 사업, 그리고 보통 사람들이 원대한 꿈을 이룰 수 있는 혁신적인 도구입니다. 그것은 저 같은 서민의 성공만 봐도 충분히 알 수 있습니다.

1940년대 캘리포니아 바이타민스 사(社는) 한 사람의 영업사원이 많은 판매고를 올리는 것보다 여러 사람이 조금씩 판매하는 것이 매출을 늘리는 데 훨씬 더 수월하다는 점을 깨달았다.

또한 자사의 영업사원은 판매자이자 자사 제품의 소비자인 것도 알았다. 이를 파악한 회사는 '영업사원들이 제품에 만족한 소비자들로부터 신규 판매자를 모집해서, 올린 매출실적에 따라 보상한다'는 획기적인 아이디어를 내놓았다. 이것이 오늘날 말하는 네트워크마케팅의 탄생이었다.

캘리포니아대학 연구팀에 의하면 네트워크마케팅의 '제1의 물결'은 1945년부터 도입된 첫 번째 다단계 보상 플랜에서 시작했다. 네트워크마케팅 업계의 개척시대로 1960년대까지 방문판매가 주류를 이뤘다. 처음에 미국 정부는 직접판매방식을 선택한 모두를 똑같은 피라미드 회사로 규정했다. 네트워크마케팅 기업이 미연방공정거래위원회(FTC)에서 합법적인 업체로 인정받은 것은 1979년에 이르러서였다.

합법적인 상거래로 인정받은 네트워크마케팅은 1980년대에 '제2의 물결' 시대를 맞이했다. 하지만 신규 회원 모집 교육과 함께 매달 수수료를 손으로 일일이 계산해야 했으며, 다운라인이 주문한 물품은 상위 라인이 직접 처리하고 포장해서 배달까지 해야 하는 불편함이 있었다.

1990년대로 접어들어 네트워크마케팅은 고객이 수신자 부담 전화로 주문을 하면 회사로부터 직접 물품을 받을 수 있는 등 판매방식의 혁신과 발전을 가져

왔다.

이는 보통사람들에게도 추가 소득을 올리는 기회를 만들어주었으며, 생산자와 소비자 간에 쌍방향 유통 시대를 열었다. 이제 네트워크마케팅에는 '제4의 물결' 이 도래했으며 인터넷 전자상거래와 결합한 방식으로 사업자의 추가 소득은 더욱 커지고 있다.

네트워크마케팅은 가장 탁월한 비즈니스 구조

네트워크마케팅의 핵심은 두 가지입니다. 하나는 매일 쓰는 생활소비재를 이용해 수입을 창출할 수 있다는 것, 두 번째는 그런 소비 네트워크가 확장되면 확장될수록 수입이 기하급수적으로 늘어난다는 것입니다. 즉 네트워크마케팅이란 '어차피 구매해야 하는 생필품을 소비자 멤버십으로 운영되는 점포에서 구매함으로써 돈을 벌 수 있는 일종의 프로슈머 비즈니스' 입니다.

제대로 된 네트워크마케팅 회사로 인정받기 위해서는 몇 가지 조건을 갖춰야 합니다. 취급 제품이 '반복 재구매가 가능한 생필품 위주' 여야 하고 '다른 회사에서 찾기 어려운 특화된 제품' 이어야 한다는 것입니다. 보상플랜 역시 합리적이어야 합니다. 건실한 네트워크

회사는 회원들의 호응과 협조에 힘입어 성장을 거듭할 수밖에 없기 때문에, 자연스럽게 10년 20년의 역사를 자랑할 수밖에 없습니다.

물론 네트워크마케팅은 특성상 한 번에 대박을 터트리기가 거의 불가능합니다. 밭을 갈고 씨를 부릴 시간이 절대적으로 필요하기 때문입니다. 손익분기점을 넘어서서 안정적인 흑자 수익 구조가 만들어지려면 오랜 시간을 거쳐 네트워크가 일정 규모 이상으로 확장되고 튼튼하게 다져져야 합니다. 대신 소비 네트워크 망이 안정적으로 구축되면 '천천히 터지면서 계속 이어지는 대박'으로 돌아오니, 네트워크마케팅이야말로 '소비를 하면서도 부자가 될 수 있는 마케팅'이자 'SNS시스템과 성공 마인드의 융합'이 만들어낸 최고의 걸작품이라고 할 수 있습니다.

네트워크비즈니스의 매력은 시간과 경제적 자유가 있다

저는 단순히 돈을 많이 버는 것은 성공이라고 생각하지 않습니다. 나라 하나를 통째로 살 만큼 돈이 많다 하더라도 하루 24시간 눈 코 뜰 새 없이 바쁘다면, 그래서 좋아하는 드라마를 보거나 사랑하는 가족과 며칠씩 여행가는 것도 힘들다면 과연 그것을 성공한 인생, 행복한 삶이라고 할 수 있을까요?

삼성의 계열사 사장이나 고위 임원들의 연봉은 10억이 넘는다고 합니다. 월급만 1억 가까이 되는 것입니다. 부러우신가요? 저는 하나도 부럽지 않습니다. 고액의 연봉을 대가로 집에 들어갈 시간도 없을 만큼 회사 일에 매여 있어야 한다는 것을 알기 때문입니다. 월급쟁이 생활을 하는 많은 가장들 사이에서 회사에 출근했다가 돌아오는 걸 몇 번 반복하니 갓난아이였던 자녀가 어느새 대학에 다니고 있더라는 우스갯소리가 나올 법도 합니다. 게다가 직장인 생활에는 영속성이 없습니다.

연봉이 1억이건 10억이건 회사를 나오는 순간 사라지는 수입인 것입니다. 얌전히 월급을 받으며 회사 생활을 하다가 퇴직 후 사회적 지위가 사라져 심각한 자아붕괴를 겪는 가장들을 저는 너무나도 여러 번 보았습니다. 할 일을 찾아 퇴직금을 투자했다가 안타깝게도 다 날려버리는 것도 몇 번이나 보았는지 모릅니다.

이번엔 자영업을 예로 들어볼까요? 열 개의 가게가 새로 문을 열면 그중 두 개만 살아남는다고 할 만큼 자영업의 세계는 혹독하기 그지 없습니다. 물론 신선한 아이디어와 뛰어난 수완으로 평범한 봉급 이상의 수익을 얻을 수도 있을 것입니다. 은퇴해야 할 날짜가 정해져 있지도 않습니다. 원한다면 죽을 때까지 할 수 있습니다. 자식에게 물려줄 수도 있습니다. 그런데 휴일에도 쉬지 못합니다. 업종에 따라 연휴일수록 더 바쁘고 고되기도 합니다. 새벽부터 나갔다가 자정이 넘어서야 들어오는 생활이 365일 이어진다고 생각해 보십시오. 사업을 하는 사람에게 개인시간은 사치일 따름입니다. 하루 종일 휴가도 없이 매장에 매여 있어야 하는 것이 보통입니다. 자영업을 하는 많은 분들이 차라리 월급쟁이 생활을 그리워하는 것을 얼마나 많이 보고 들었던지요.

성공한 삶의 핵심은 돈은 물론 시간을 자유롭게 쓸 수 있는 여유입니다. 텔레비전에 시원한 바닷가 풍경과 함께 먹음직스러운 횟감을 맛있게 먹는 모습이 나오는데, 그리고 지금 당장 나 역시 그 회를 먹고 싶다면 바닷가로 지체 없이 달려갈 수 있는 자유 말입니다. 시간에 구애 받지 않고, 내가 원하는 장소로 달려갈 수 있는 삶이야말로 진정으로 성공한 인생이라고 저는 생각합니다.

무자본으로 사업을 시작할 수 있고, 생활이 곧 사업이 되며, 일하지 않아도 죽을 때까지 소득이 들어오는 네트워크마케팅만큼 시공간의 자유가 보장된 일은 없습니다.

나이가 들어서까지 생활비 때문에 일을 하고 싶지 않다면, 퇴직 후에도 취업을 위해 여기저기 기웃거리고 싶지 않다면, 여유와 자부심이 넘치는 우아한 인생을 보내고 싶다면 한 살이라도 젊고 건강할 때 지속적인 부를 창출할 수 있는 시스템을 만들어놓아야 합니다. 여기에 최적화된 사업 모델이 바로 네트워크마케팅인 것입니다. 대형마트 사장이 직원들을 고용하고 잘 훈련시켜 놓으면 그가 자리를 비워도 마트의 시스템에 문제없이 돌아가며 매출을 발생시키는 것처럼, 초반 판매망만 잘 구축해 놓으면 막대한 이익이 일정하게 발생하게 됩니다. 쉬고 싶을 때 쉬고, 자고 싶을 때 자고, 먹고 싶을 때 먹고, 여행하고 싶을 때 여행하면서도 매달 연금처럼 돈이 들어오는 삶, 심지어 완전히 잊어버리고 있어도 통장에 꾸준히 찍히는 넉넉한 수익. 누구나 한 번쯤 가지게 되는 꿈이 아닌지요? 저도 부업으로 시작했습니다.

꿈과 열정을 이룰 동지를 만나는 사업이다

세상에는 저 이창우 말고도 자신만의 목표를 세우고 그 꿈을 이루기 위해 치열하게 살아온 성공자들이 많습니다. 그들의 인생 면면을 살펴보면 학력보다는 꿈과 열정이 얼마나 중요한지를 알 수 있지요.

세계적으로 유명한, 특히 우리나라에서 성공을 꿈꾸는 사람들 사이에서 인기가 높은 사람을 예로 들어 한번 들어보겠습니다.

그는 11살에 아르바이트로 모은 돈 100달러로 주식 투자를 시작하고, 14살에 신문 배달을 시작하면서 자신의 배달 구역을 연구해 가장 빨리 신문을 배달할 수 있는 지름길을 개발해 신입사원에 해당하는 연봉을 받았습니다. 그리고 30여 년 후 그는 〈워싱턴 포스트〉의 대표 이사로 취임했지요. 바로 자신이 배달하던 그 신문사였습니다. 그의 이름이 무엇일까요? 바로 투자계의 살아 있는 전설 워렌버핏 입니다.

워렌버핏은 자신이 하고 싶은 일에 열정을 쏟은 대표적인 인물입니다. 하루의 3분의 1을 투자 관련 자료와 책·신문을 읽는 데 썼지요. 지식이야말로 투자의 핵심이라고 믿었기 때문이었습니다. 그는 지금 당장의 생계를 위해 또는 하기 싫은 일을 억지로 하는 사람들을 위해 이렇게 충고합니다.

"당신이 정말로 사랑하는 일을 하십시오. 아침에 저절로 눈이 떠질 것입니다."

현대 사회에서 마이크로소프트사와 애플사의 영향력은 실로 막대합니다. 이 두 글로벌 기업의 창업자인 빌 게이츠와 스티브 잡스 역시 명문 대학을 다니다 그만두고 자신이 하고 싶은 것을 찾아 일을 시작한 대표적 인물입니다. 자신이 좋아하는 일을 그 누구보다 열정적으로 했기에 두 사람은 눈부신 성공을 이룰 수 있었지요. 하고 싶은 일, 꿈을 꿀 수 있는 일을 할 때 비로소 열정이 타오르고, 열정은 끊임없는 노력을 불러일으킵니다. 꿈과 열정, 이것이야말로 모든 성공자들의 공통된 미덕이었으며 성공의 가장 핵심적인 열쇠인 것입니다.

여러분의 꿈과 열정을 지지하는 사람들을 만나십시오. 여러분의 꿈과 열정을 공유할 수 있는 사람들을 만나십시오. 여러분의 꿈과 열정을 비웃는 사람들은 단호하게 끊어내십시오.

제가 맨 처음 책을 쓰고 싶다고 했을 때, 그 이야기를 들은 한 대학 선배는 "네가 책을 쓴다고? 너 천자문 아니, 사서삼경을 쓰겠다"며 비아냥댔습니다. 하지만 전 1999년 《희망을 파는 남자》라는 제목의 첫 책을 써냈고, 이 책은 수익금 일부를 불우이웃을 위해 쓸 수 있을 정도로 잘 팔려나갔습니다.

제가 화장품 세일즈 업계의 정상에 오르겠다고 제 포부를 말했을 때, 그 말을 귀담아 들은 사람은 아무도 없었습니다. 그러나 전 1년 반도 안 되어 지부장이 되었으며 신지식으로 선정되었고 남들은 한 번도 힘들다던 방송출연을 수차례 한 데다 7,000명의 구직자를 대상으로 '길거리 특강'까지 하였습니다.

지금 이곳에서 제 꿈을 다시 한 번 밝힙니다. 저는 몇 년 안에 연수

익 100억을 달성할 것입니다. 저와 함께 하는 사업파트너들 모두가 1
년 안에 연 수익 1억에 달성하도록 도울 것입니다.

여러분의 꿈은 무엇입니까? 여러분의 열정은 얼마나 뜨겁습니까?

박수받는 인생을 선택하라

　네트워크마케팅에서 성공했다는 것은 '박수를 받는 자'가 되었음을 의미합니다. 네트워크마케팅 성공자를 크게 두 부류로 나눈다면 박수를 받는 자와 박수를 치는 자가 될 것입니다. 그리고 박수를 받는 자가 될 것이냐, 박수를 치는 자가 될 것이냐는 순전히 여러분의 선택과 결단에 달려 있습니다.

　여러분, 인생의 마지막 단계가 무엇입니까? 바로 죽음입니다. 아무리 유능한 역술가나 무당이라고 해도 여러분이 언제 죽을지는 맞힐 수 없습니다. 우주를 창조한 절대자 말고는 아무도 모르는 것이 내가 언제 죽을 것인가 입니다. 분명한 것은 누구나 반드시 죽는다는 것, 죽음에 연장전은 없다는 것입니다. 명심하십시오. 우리는 누구나 언젠가 죽습니다.

　저는 항상 제가 언젠가 죽는다는 사실을 매순간 기억하며 살아가려고 노력합니다. 그리고 절대자가 창조한 이 세상을 영광스럽게 살아가려고 노력합니다.

　이 책을 읽는 여러분 중 많은 분이 40~50대에 이른 나이일 겁니다. 인생에서 가장 중요한 후반기를 막 시작하신 셈입니다. 대체 언제까지 다른 사람의 그림자로, 인생의 주변인으로, 누군가의 엄마로 또

아빠로, 아줌마 아저씨라는 닉네임으로 살아가실 겁니까?

결단하십시오. 오늘이 인생에서 가장 젊은 날이며, 오늘을 어떻게 살았느냐에 따라 10년 후 20년 후의 미래가 달라집니다.

이창우의 귀감(龜鑑) 〈3〉

마을에서 멀리 떨어진 어느 계곡에 파블로와 브루노라는 이름의 두 젊은이가 살고 있었습니다. 두 사람은 계곡의 물을 길어 계곡 건너편의 마을까지 나르는 일을 하고 있었죠. 마을의 시장이 마을로 가져오는 물의 양만큼 돈을 주겠다고 한 것입니다.

두 사람은 아침부터 저녁까지 열심히 계곡을 오가며 물통에 물을 담아 날랐습니다. 육체는 고되었지만 져 나르는 물통만큼 돈이 들어오자 신이 난 브루노는 더 많은 돈을 벌기 위해 물통을 좀 더 크게 만들었습니다. 하지만 좀 더 쉽게 돈을 벌 방법은 없을까 고민하던 파블로는 계곡을 가로질러 파이프라인을 설치하면 좋겠다는 생각을 했습니다. 파블로는 브루노에게도 동참할 것을 권유했지만 브루노는 물통으로 나르는 것만으로도 충분히 원하는 만큼의 돈을 벌 수 있다며 거절했습니다. 브루노가 하루의 일과를 마치고 집으로 들어가 휴식을 취할 때, 파블로는 조금씩 조금씩 파이프를 만들어 연결해나갔습니다. 브루노는 파블로보다 더 큰 물통으로 더 많이 길을 오갔기 때문에 파블로보다 금세 돈을 모았습니다. 브루노는 원하던 대로 번듯한 집을 짓고 소도

한 마리 샀습니다. 파블로는 적당히 일하며 남는 시간에 파이프를 만들었기 때문에 생활에 변화가 없었습니다.

오랜 시간이 흘러 마침내 파이프가 완성되었습니다. 파블로는 계곡을 가로질러 연결한 파이프라인 끝에 물탱크를 두고 거기에 흘러들어가는 물만큼 돈을 받기 시작했습니다. 물은 끊임없이 통 안을 가득 채웠고 이제 파블로는 더 이상 힘들게 물통을 나를 필요가 없이 여유로운 생활을 즐길 수 있게 되었습니다. 가끔씩 파이프라인이 제대로 연결되어 있는지만 살펴보면 그만이었지요. 잠을 자고 있어도, 다른 마을로 마실을 가도, 파블로의 물통은 쉼 없이 차오르고 파블로의 돈도 금세 쌓여갔습니다. 하지만 오랜 세월 무거운 물통을 쉼 없이 나르느라 허리가 굽고 약해진 브루노는 이제 전처럼 큰 물통을 질 수 없었습니다. 옛날처럼 여러 번 왔다 갔다 하는 것도 불가능해진 상태였죠. 결국 생계를 이어가기 힘들게 된 브루노는 아끼던 집을 팔 수밖에 없었습니다.

네트워크마케팅은 파블로의 파이프라인을 구축하는 것과 같습니다. 반면 브루노의 방식은 일반적인 직장인들이 월급에 의존하여 살아가는 것과 비슷합니다. 브루노는 보수를 더 많이 받기 위해 더 많이 일해야 하는 직장인의 모습 그대로이지요.

하지만 파블로는 영구적인 수익을 얻는 방식을 고민했고 그 결과 시간과 돈을 들이지 않아도 영구적인 수입이 들어오도록 인내심과 열정을 가지고 파이프라인을 구축했습니다.

여러분의 파이프라인을 구축하십시오!

아홉 번의 실패보다
열 번째의 성공을 위해 뛰다

,

"모든 위대한 일들은 용기 있는 사람들에 의해 이루어졌습니다. 그리고 위대한 승리자들은 모두 실패를 딛고 올라선 사람들입니다. 실패를 두려워하지 마십시오. 만일 의미 있는 일을 하는 도중에 실망스러운 결과를 만났다면 그때는 성공이 목전에 와 있다고 여기십시오."

미국의 경제지 〈포브스〉에서 선정한 '미국을 만든 비즈니스 영웅 20인'에 들었던 여성 기업인 메리 K. 애시의 말입니다.

어떤 경우에도 실패를 두려워하지 마십시오. 실패는 성공으로 건너가기 위해 반드시 밟아야 할 징검다리일 뿐입니다.

한계는 깨트리라고 있는 것

고대 그리스 시절부터 사람들은 1마일(약 1,609미터)을 4분 이내에

Chapter 01 ··· 세상과의 한판 승부사

주파하는 기록에 도전해 왔습니다. 하지만 '마의 4분 벽'을 뛰어넘으려는 시도는 매번 실패했죠. 인간의 능력으로는 그렇게 빨리 달리는 것이 불가능한 것처럼 보였습니다. 그러나 1954년 5월 6일, 마침내 로저 베니스터라는 사람에 의해 '마의 4분 벽'이 무너지게 됩니다. 사람들은 신이 설정해둔 인간의 한계를 넘어섰다며 놀라워했죠. 그런데 더 놀라운 일은 그다음에 벌어졌습니다.

로저 베니스터가 1마일을 4분 안에 주파한 뒤 채 한 달도 안 돼 32명의 선수들이 연이어 4분 벽을 뛰어넘은 것이었습니다. 1년 뒤에는 4분 벽을 뛰어넘은 사람의 수가 무려 365명에 이르렀지요. 어떻게 그 많은 사람들이 놀라운 성과를 낼 수 있었던 것일까요?

그것은 인간의 능력으로는 '마의 4분 벽'을 넘어설 수 없으리라는 마음속 한계를 극복했기 때문입니다. 즉 로저 베니스터에 의해 마음속 한계가 사라지자 다른 사람들도 자신의 능력을 신뢰하고 실력을 극대화할 수 있게 된 것입니다.

성공학의 대가 나폴레온 힐은 "당신의 유일한 한계는 바로 당신이 머릿속에서 스스로 설정한 것임을 명심하라"고 했습니다. 저 역시 성과를 낼 때마다 '이만하면 됐다'고 생각하지 않고 '이것보다 더 잘할 수는 없을까?'를 연구합니다.

한계를 미리 정해두면 더 이상 발전할 수 없습니다. 성공할 수 없다고 생각하면 성공이 바로 코앞까지 다가와도 놓칠 수밖에 없습니다. 여러분이 가진 잠재력과 가능성을 100%로 발휘하고 싶다면 스스로 한계를 정하지 마십시오.

어느 대기업에 근무하는 아무개 씨는 과장으로 승진 발령을 받았지만, 기뻐하기는커녕 오히려 회사를 그만두어야 할지 고민하고 있습니다. '과장업무를 수행할 자신이 없다' 는 게 이유였습니다.

아무개 씨처럼 요즘은 승진을 기피하는 경우가 많다고 합니다. 오늘날처럼 변화가 빠른 세상에서는 수년 간 쌓은 경험과 노하우도 금방 시대에 뒤처져 별 도움이 안 되는 수가 많기 때문입니다. 때문에 적지 않은 사람들이 승진을 결정되었을 경우 스트레스에 시달린다는 것입니다. 저는 아무개 씨를 격려해 보았지만 무슨 소리를 해도 그는 "난 못 해요", "아무래도 자신이 없습니다", "능력이 안 돼요" 라는 말만 되풀이했습니다. 그는 자신감이라고는 눈을 씻고 찾으려야 찾아볼 수가 없는 상태였습니다.

성공한 사람은 자신에게 그럴 만한 능력이 있다고 믿습니다. 성공하지 못한 사람은 정반대로, 자신에게는 성공할 만한 능력이 있을 리 없다고 믿습니다.

놀랍게도 아무개 씨는 결코 게으르거나 무기력한 사람이 아니었습니다. 오히려 과장 승진에 부담감을 느낄 정도로 책임감이 투철하고 대단히 성실한 노력파로 소문난 사람이었습니다. 그런데도 그는 왜 자신감을 가질 수 없었던 걸까요?

우리는 능력이라는 것이 노력에 의해 개발된다고 믿어왔습니다. 또한 '성공하려면 고통스러운 노력이 반드시 필요하다'고 굳게 믿고 있습니다.

하지만 오늘날과 같은 소비중심사회에서 중시되는 것은 양보다 질입니다. 스스로의 목표의식과 동기부여를 소중히 여기지 않으면 살아남을 수 없습니다. 도태되지 않고 살아남는 방법은 단 한 가지, 한마디로 프로가 되는 것입니다.

성공을 이루게 되는 사람은 유능한 사업가, 유능한 선수가 시합이나 연습 자체를 즐기는 것과 마찬가지로 즐기면서 일하고 즐기면서 노력합니다. 스스로 목표를 설정하고 동기부여를 높게 가지며 자기 자신을 위해 일하는 것입니다. 일이든 노력이든 즐겁게 하면 운도 좋아지고 회사에게도 좋은 일입니다.

실패한 경험은 최대한 빨리 잊어라

피겨에 대한 국민의 관심이 뜨겁던 시절, 국내 언론은 특히 김연아

와 아사다 마오 선수를 라이벌 구도에 놓고 자주 비교하고는 했습니다. 기술도 예술성도 사실 비교 대상이 아니라고 저 개인적으로는 생각합니다만, 무엇보다 두 선수가 뚜렷한 차이점을 보이는 것이 바로 경기에 임할 때의 태도였습니다.

김연아 선수는 실제로는 무릎이 후들거릴 정도로 떨리는 순간에도 겉보기에는 언제나 대담하고 초연한 태도를 보이지만, 아사다 마오 선수는 화면으로 보기에도 극도의 긴장감을 감추지 못할 때가 많습니다. 아사다 마오 선수는 '새가슴'으로도 유명했습니다. 점프가 실패하면 그다음 점프에서도 여지없이 실수를 일으켰기 때문이었습니다. 국내 경기에서는 늘 최고의 기량을 선보이면서도 국제대회만 나오면 실수 연발하는 모습은 안타깝기까지 했습니다. 김연아 선수가 설사 점프에서 실수를 한다 해도 흔들림 없이 바로 다음 연기를 이어가는 것과는 무척 대조적이었지요.

아사다 마오 선수가 '쫘당 마오'가 되어버렸던 것은 실수로 인한 부정적인 감정을 쉽게 떨쳐내지 못했기 때문이었습니다. 부정적인 감정은 우리가 본래 가지고 있는 기량을 제대로 펼쳐 보이지 못하게 방해하는 결정적 요소입니다.

한 번 고객으로부터 거절당했다고 해서 침울한 기분을 계속 유지한다면 그날은 계속해서 거절당할 일밖에 없을 것입니다. 거절당해서 우울한데 또 거절당하고 그래서 더 우울해지고 그러니 당연히 거절당하고…… 악순환의 시작인 거죠. 결국 부정적인 사고방식은 소극적인 태도와 의욕상실 등을 불러올 수밖에 없습니다.

부정적인 마음을 긍정적인 마음으로 전환시키는 데는 자기암시가 가장 효과적입니다. 아침에 눈을 뜨자마자 "오늘은 내 인생 최고의 날이야" 하고 소리치십시오. 세수하면서도, 옷을 갈아입으면서도, 화장을 하면서도 자신을 향해 큰 소리로 말해 주십시오.

밤에 잠들기 전에는 "오늘 하루도 무사히 잘 보냈다. 내일은 더 멋진 하루가 될 거야!" 하고 반복해서 말합니다.

순간순간 실패의 경험이 쌓일 때마다 "다음엔 더 잘할 수 있을 거야", "이번의 실수 덕분에 배운 게 있어" 하고 긍정적으로 표현하십시오. 우리 뇌는 참 신비한 기관이라서, 거짓말로라도 긍정적인 말을 계속 반복하면 우리 몸과 마음에 긍정적인 변화를 일으킵니다. 또 실제로도 운이 상승해서 긍정적인 일이 더 많이 일어나게 됩니다.

어떤 일을 할 때 기대했던 대로 잘 풀려 나가면 누구나 신명이 납니다. 팀 단위로 진행하던 일이 뛰어난 성과로 이어지면 팀 내에 열정과 신뢰가 넘쳐납니다. 새해를 맞아 새로운 결심을 했는데 계획대로 실행이 잘되면 날이 갈수록 끝까지 해내고야 말겠다는 각오도 더 단단해집니다.

하지만 사실 대부분의 일은 잘되는 경우보다 흐지부지 되거나 어정쩡하게 마무리되는 경우가 훨씬 많습니다.

다함께 으랏차차 일을 진행했는데 원하는 결과가 나오지 않으면 팀의 사기는 떨어지고 서로 비난하는 일까지 생깁니다.

새해에 만들었던 작심삼일로 끝난 계획표를 보면 짜증이 솟구칩니다. 새해 첫날의 열정과 할 수 있다는 자신감도 증발되어버린 지 오래입니다.

결심한 대로 밀고 나가지 못했을 때, 계획이 실패할 때, 일이 예상대로 흘러가지 않을 때 우리는 좌절감을 느낍니다. 좌절감은 참기 힘든 스트레스를 줍니다. 좌절감을 반복해서 겪으면 아무것도 할 수 없다는 무기력감에 빠집니다. 무기력감을 강하고 지속적으로 느끼게 되면 더 이상 계획을 세우지 않게 됩니다. 무의식적으로 스트레스를 피하려고 나타나는 매우 자연스러운 현상입니다.

실패를 성공의 어머니로 삼으려면 언제까지나 좌절감과 무기력증에 빠져 있어서는 안 됩니다. 실패를 해도, 아니 실패하고 있는 순간에도 우리는 긍정적인 태도를 유지해야 합니다.

제가 화장품 세일즈 일에 뛰어든 뒤로 겪은 실패는 모두 몇 차례나 될까요? 10년 동안 저는 하루에만 평균 열 명 이상의 신규 고객을 찾아다녔습니다. 그중에 계약을 하지 않는 사람은 여섯 명 정도였습니다. 하루에 여섯 번은 실패를 한 것입니다. 1년이면 2,100번, 10년이면 약 21,000번의 실패를 한 셈이었습니다. 하지만 좌절하지 않고 계속해서 제 길을 갈 수 있었던 것은 세일즈 세계에서 통용되는 대수의 법칙을 믿었기 때문이었습니다.

대수의 법칙은 쉽게 말해 주사위 놀이와 비슷합니다. 주사위를 던져서 1이 나올 확률은 6분의 1입니다. 여섯 번을 던졌을 때 1이 두 번 이상 나올 수도 있지만 한 번도 나오지 않을 수도 있죠. 하지만 1,000번을 던지면 6분의 1이라는 확률에 가까워집니다.

세일즈에서는 열 명에게 전화를 했더니 그중 세 명과 약속이 잡히더라, 그 세 명을 만났더니 그중 한 명이 계약을 하더라는 식으로 적용됩니다. 저는 매일 여섯 번의 실패를 했지만 보통 한 번은 성공을 한 셈이었죠. 이 말을 뒤집어보면 한 번의 성공을 하기 위해서 여섯 번은 실패를 해야 한다는 뜻입니다.

이 대수의 법칙을 믿는다면 거절, 즉 실패를 기쁘게 받아들일 수 있게 됩니다. 실패를 할수록 성공에 가까워지기 때문입니다. 거절당할 때마다 '또 실패구나'라고 생각하는 것이 아니라 '점점 더 계약이 다가오고 있구나' 하고 기쁘게 생각할 수 있는 것이죠.

여러분도 더 많이 만나고 더 많이 거절당해야 합니다. 그러면 반드시 계약을 성사시키게 됩니다.

실패 계획을 세워라

결심을 하고 계획을 세울 때는 실패 계획도 함께 세우십시오. 몇 번 실패하면 성공할 수 있는가를 미리 고민해두는 겁니다. 실패 계획을 세우지 않았을 때 실패하는 것은 큰 스트레스로 다가옵니다. 그러나 실패를 계획하면 실패 역시 계획에 포함된 것이기 때문에 스트레스가 덜합니다.

실패는 나 혼자만 운이 없어서 겪는 것이 아닙니다. 세상사를 가만히 들여다보면 우리의 인생은 성공보다 실패가 더 많습니다.

실패를 포용하십시오. 실패를 포용하면 그것은 시행착오가 됩니다. 하지만 실패를 포용하지 못할 때 우리는 진짜 실패를 하게 됩니다. 실패했을 때 우리가 집중해야 할 대상은 실패를 했다는 사실이 아닙니다. 왜 실패했는지, 이 실패를 통해 무엇을 배울 수 있는지 찾는 데 집중해야 합니다. 그렇게 해야 무수한 실패의 경험도 여러분의 열정과 비전을 파괴하지 못합니다.

한 아버지가 공원에서 어린 아들에게 걸음마 연습을 시키고 있었습니다. 아버지가 환하게 웃으며 이리 오라고 손짓하자 아이는 겨우 한 걸음을 떼고는 넘어져버렸습니다. 아버지는 얼른 달려가 아이를 일으켜 세운 다음 다시 앞으로 가 손짓을 했습니다. 아이는 한 걸음을 떼고는 또 넘어졌지요. 이렇게 걸음마 연습은 계속 반복되었습니다. 한참 동안 그 모습을 지켜보고 있던 한 사람이 아버지에게 말했습니다.

"오늘은 헛수고를 한 것 같네요. 아이가 여든일곱 번이나 넘어졌어요."

그러자 아버지가 웃으며 대답했습니다.

"전 아이가 몇 번 넘어졌는지 모릅니다. 하지만 우리 아이는 오늘 여섯 걸음이나 혼자서 걸었습니다."

여러분은 넘어진 횟수를 세는 사람입니까, 아니면 걸음을 세는 사람입니까? 보다 중요한 것은 아이의 아버지는 아이가 끝내 걸을 것이라고 확고하게 믿었다는 것입니다. 넘어지는 것, 즉 실패는 걷기 위한 과정이라는 것을 잘 이해하고 있었다는 것입니다.

여러분 눈앞에 구멍 뚫린 구슬이 잔뜩 있다고 칩시다. 지금부터 그 구슬들을 실로 꿰어야 하는데 어떤 것은 구멍이 크고 어떤 것은 구멍이 작습니다. 어떤 구슬부터 집어야 할까요?

구멍이 작아서 꿰기 어려운 것부터?

아니면 구멍이 커서 쉬운 것부터?

정답은 쉬운 것부터입니다. 쉬운 것부터 해서 손에 익으면 기술이 늘어가고 작업 속도가 빨라집니다. 그러다 보면 구멍이 작은 것도 수월하게 꿸 수 있는 능력이 생기는 것입니다. 처음부터 어려운 구슬로 시작하면 지치고 좌절하기 쉽습니다.

처음에는 여러분을 인간적으로 신뢰하고 있는, 따라서 여러분의 말에 쉽게 귀를 기울여줄 수 있는 사람들을 만나십시오. 친한 사람들부터 만나서 훈련을 하는 것입니다.

그리고 쉬운 일부터 하십시오. 사소한 도전이라도 성공 경험을 쌓는 것이 필요합니다. 그래야 열정과 자신감을 잃지 않을 수 있습니다. 실패는 단순히 실패가 아니라 성공으로 다가가는 과정임을 명심하십시오.

다음에 나오는 사람들에게는 공통점이 있습니다. 무엇일까요?

• 베이브 루스 - 역사에 길이 남을 위대한 야구선수인 그의 별명은 '영원한 홈런왕'. 아이러니하게도 베이브 루스는 스트라이크 아웃을 가장 많이 당한 선수이기도 했습니다. 그에게는 별명이 하나 더 있었는데 그것은 바로 '삼진왕'이었습니다.

• 엘리사 오티스 - 뛰어난 기계공이었던 그는 새로 구상한 기계장치를 만드는 일을 네 번이나 연속으로 실패하였습니다. 결국 다섯 번째 도전에서 발명에 성공했는데 그것이 바로 오늘날 우리가 편리하게 사용하는 엘리베이터입니다. 그의 발명 덕분에 고층빌딩이 생기게 되었습니다.

• 아이작 싱거 - 셰익스피어 극단에서 오랫동안 별 볼 일 없는 무명배우로 활동하던 그는 배우직을 그만두고 재봉틀을 만들어 대성공을 거둡니다. 그가 만든 재봉틀 이름이 바로 '싱거 재봉틀'입니다.

• 조지 이스트만 - 은행에서 말단 직원으로 일하던 그는 사진 찍는 취미를 발전시켜 회사를 하나 세웠는데 그 회사가 바로 세계적으로 유명한 '코닥 필름'이었습니다.

• 로우랜드 메이씨 - 하는 사업마다 망하더니 네 번째 도전에서는 그만 파산하고 말았습니다. 그러나 그는 집요하게 또다시 도전해서 마침내 성공을 거둡니다. 그 회사가 바로 세계 최초로 등장한 현대식 백화점인 뉴욕의 '메이씨 백화점' 입니다.

• 윌 켈로그 - 빗자루를 만드는 공장에서 매니저로 일하던 켈로그는 식사 시간을 줄이기 위해 옥수수를 튀겨 아침식사로 만들어 먹었는데, 이것이 바로 아침식사 대용으로 인기를 끌고 있는 '켈로그 콘플레이크' 입니다.

이처럼 실패 속에서도 성공한 사람들이 갖고 있는 특징 중 하나는 식지 않는 열정을 가지고 있다는 것입니다. 식지 않는 열정은 실패를 태워버립니다. 자신이 하는 일에 애정을 가지고 열정을 불태울 때는 비록 남들이 보기에 사소하고 작은 것이라 할지라도 위대한 성공을 이룰 수 있습니다.

성공을 향해 계속 도전하다보면 미처 생각하지 못했던 가능성을 발견하게 됩니다. 새로운 성공의 가능성은 실패의 안경을 써야 보이는 것입니다. 실패의 안경을 거추장스럽다고 벗어 던지면 성공은 영영 볼 수 없게 됩니다. 실패를 실패로만 인식하면 성공은 영원히 사라지고 맙니다.

Chapter 2

실현 가능한 비즈니스에 도전

네트워크비즈니스 시스템 분석

인간은 기본적으로 자기 이익을 추구하는 존재입니다. 이기적인 욕망의 존재이며 행복을 추구하는 것도 생존의 중요한 조건이지요. 성공적인 비즈니스를 위해서는 이것을 반드시 염두에 두어야 합니다. 모든 사람이 철저하게 이익을 위해 움직인다는 현실을 직시해야 더욱 효과적으로 성공의 토대를 마련할 수 있습니다.

네트워크비즈니스는 3有 15無 사업

네트워크비즈니스를 일컬어 흔히들 무점포, 무자본, 무경험으로 할 수 있는 3무(無) 사업이라고 합니다.

회사의 시스템에 입각해 운영함으로써 사무실이나 매장이 따로 필요가 없고, 그렇다 보니 종업원이나 재고가 필요 없어 무자본으로 사업이 가능하죠. 나아가 이미 구축된 성공자의 경험과 노하우를 체계화한 시스템을 통해 활용할 수 있고 경험 많은 상급자가 가까이에서 안내해주기 때문에 경험이 없는 사람도 네트워크비즈니스를 할 수 있습니다.

그런데 저는 지금까지의 경험을 통해 정통 네트워크비즈니스는 사실상 '3유 15무 비즈니스'라는 것을 알게 되었습니다. 먼저 3유를 살펴볼까요?

첫째, 네트워크비즈니스를 하기 위해서는 성공하고자 하는 간절한 소망이 있어야 합니다. 나 자신뿐 아니라 가족과 이웃, 나아가 가문까지도 바꾸겠다는 절실한 소망이 필요합니다.

둘째, 결단이 있어야 합니다. 익숙한 것들로부터 과감하게 결별하는 결단과 네트워크비즈니스를 부정적인 눈으로 바라보는 시선을 감내하겠다는 결단입니다.

셋째, 공부하는 시간이 있어야 합니다. 시스템을 공부하고 성공으로 이끌어주는 책을 읽어야 하며 성공자들의 강의를 열심히 듣는 등 적극적으로 시간을 투자해야 합니다.

그럼 15무란 무엇일까요?

그것은 무점포, 무자본, 무경험, 무학력, 무기술, 무재고, 무외상, 무채무, 무파업, 무파산, 무재해, 무손실, 무실직, 무정년, 그리고 무한대의 수익을 말합니다. 다시 말해 학력, 기술, 재고, 외상, 빚, 파업이 없고 부도날 염려는 물론 다치거나 화재 등의 염려가 없다는 얘기입니다. 또 원한다면 언제까지나 일을 할 수 있고 하기 싫으면 언제든 그만둘 수 있으니 실직의 위험과 정년이 없습니다. 반면 사업에서 얻을 수 있는 수익이 무한대로 수익이 보장되는 것입니다. 이보다 더 환상적인 사업 모델을 찾을 수 있을까요?

네트워크비즈니스 성공의 3원칙

옛 사람들은 가뭄이 들었을 때 기우제를 지냈습니다. 기우제를 지내면 비가 내릴 것이라고 믿었고 실제로도 비가 내렸지요. 그렇다고 기우제 자체에 무슨 신통한 힘이 있는 것은 아닐 겁니다. 다만 정성을 다해 빌면 비가 올 것이라는 확고한 신념과 끈기로 비가 올 때까지 기우제를 지내는 것이었지요. 그러니 어떻게 비가 오지 않을 수 있겠습니까?

결코 절망하거나 동요하지 않고 정성을 다하면서 비를 기다리면, 절대로 포기하지 않으니 마침내 비가 오게 되고 삶은 다시 풍요로워집니다. 확고한 신념과 절대 포기하지 않는 끈기는 모든 일에서 성공의 요체가 아닐까요? 네트워크마케팅에서도 성공의 요체는 절대 포기하지 않는 것입니다. 포기하지 않고 시스템대로 하면 성공하게 됩니다. 네트워크비즈니스에는 성공하려면 반드시 따라야 할 세 가지 원칙이 존재합니다.

첫째, 회사의 제품을 애용해야 합니다.

직접 제품을 써보고 거기에서 얻은 효과와 감동을 여러분이 사랑하는 사람들에게 전달하여 그들 역시 현명한 소비자가 되도록 이끌어야 합니다. 저 역시 루안코리아의 화장품 몽니스를 매일 아침저녁으로 사용하고 있습니다. 미스트는 가지고 다니며 수시로 뿌립니다. 언젠가 골프를 치고 난 다음날 절 보게 된 분들이 깜짝 놀란 적이 있습니다. 자기들과 똑같이 하루 종일 햇빛을 쬐었음에도 어떻게 하나 그을린 데 없이 생기가 넘치느냐고 말입니다. 달라진 제 피부 자체가 광고판 역할을 하는 것이지요.

둘째, 미팅에 열심이어야 합니다.

네트워크비즈니스에는 여러 종류의 미팅이 있습니다. 다른 사람들의 사업 진행 노하우나 성공 및 실패 사례를 보고 듣고 배움으로써 무점포로서의 현실감 부족을 채우고 내 사업 방식에 잘못된 것은 없는지 확인할 수 있습니다.

셋째, 세미나에 빠지지 말고 참석하십시오.

회사에서 개최하는 여러 종류의 대규모 행사에 참석하면 수많은 성공자와 사업 참여자들을 만날 수 있습니다. 이러한 만남들을 통해 사업에 대한 확신과 '나도 할 수 있다'는 자신감, '꼭 성공하겠다'는 열정을 얻을 수 있습니다.

이처럼 네트워크비즈니스에서 성공하려면 소망, 결단, 시간 투자가 필수적입니다. 성공하고자 하는 열망으로 네트워크비즈니스를 시작했다면, 최선을 다해 성공의 세 가지 원칙에 노력과 시간을 투자하시기 바랍니다.

1. 자신의 과거나 경력, 학력에 대해서는 잊어버려야 한다. 실패자들의 대다수는 "내가 왕년에는…" 하며 자신의 과거 이력을 지나치게 의식하는 사람들이었다.

2. 새로운 세계에 들어 와서 가장 빨리 성공하는 사람은 새로운 환경에 순응하는 사람이다. 비오는 날에는 얼른 우산을 써야지 맑았던 과거만 그리워해서는 안 된다.

3. 새로운 세계에서는 그 세계에 먼저 간 사람들을 인정하고 그들의 발자취를 먼저 따라야만 한다. 자신만의 새로운 방법이 있을 거라는 착각은 금물이다.

4. 앞서간 상위 직급사의 성공 요소를 정확하게 분석하고 그 요소를 더 흡수한 후에 더하기를 해야 성공 가능성을 높일 수 있다.

5. 머리는 냉철하게, 가슴은 뜨겁게, 발에서는 불이 나게 뛰어라.

6. 성공한 사람들은 자신과의 상황이 다르게 출발했을 수 있다는 것을 감안하여 자신의 전략을 분명하게 수립하여야 한다. 많은 사람들이 성공한 사람들과 자신의 상황과 역량이 차이가 남에도 불구하고 같은 것으로 인식하여 잘못된 전략을 짜는 경우가 많다.

7. 성공하는 사람은 자나 깨나 그 일에 집중하는 사람이다. 생각날 때만 하는 사람은 결코 성공할 수 없다.

성공하는 6가지 유형과 실패하는 3가지 유형 알아보기

20년이 넘는 시간을 화장품 세일즈에 매진해오며 제가 만난 사람들을 헤아려보면 아마 1만 명이 넘을 것입니다. 그중에는 고객도 있었고 다른 성공자도 있었으며 방송인, 언론인도 있었지요. 가장 많이 만나본 직업군은 세일즈맨일 것입니다.

세일즈맨.의 또 다른 이름은 영업맨이라고도 하지요. 물건을 파는 사람입니다. 네트워크마케팅의 기본 사업도 바로 세일즈입니다. 일단 제품을 팔아야 합니다. 제가 가만히 지켜보니 물건을 잘 파는 사람들에게는 공통된 점이 많았습니다. 그것을 여섯 가지로 정리해보았습니다.

첫째, 세상을 배움터로 삼는 사람입니다.

배움에 대한 열정이 있습니다. 회사를 마치 학교처럼 생각합니다. 상품에 대한 지식, 세일즈 방법에 대한 지식, 화장품의 판매시스템에 대한 지식 등을 익히는 학교! 그곳의 우등생이 되겠다는 마음가짐을 지닌 사람이지요. 언제나 대담하고 과감한 도전 정신과 성취욕을 가지고 있으며, 타인에게서 배울 점을 찾아내는 긍정적인 사고를 소유하고 있습니다.

     Chapter 02 ··· 실현 가능한 비즈니스에 도전

둘째, 일을 즐기는 사람입니다.

근면과 성실은 성공의 전제조건입니다. 여기에 세일즈 자체에서 보람을 느끼며 언제나 즐거운 마음으로 활동하는 사람이 성공합니다. 자신이 선택한 일을 사랑하는 사람에게는 돈과 명예, 성공이 자연히 뒤따르는 법입니다.

셋째, 융통성을 가지고 있습니다.

항상 성취하고자 하는 목표를 가지고 있으며, 목표를 조기에 달성한다고 해도 거기에 안주하지 않고 보다 큰 목표를 정해 놓고 부단히 노력합니다. 또한 예기치 못한 상황 변화로 인해 목표 달성이 어려워지면 현실에 맞게 목표를 하향 조정해 항상 목표를 실현시키고자 하는 노력을 아끼지 않습니다. 원칙을 세우되 융통성 있는 태도로 승자의 위치를 누리는 것입니다.

넷째, 신중하게 모험을 하는 사람입니다.

성공은 도전의 결과라고 볼 수 있습니다. 하지만 훌륭한 사업가는 승산 없는 싸움에 무모하게 덤벼들지 않습니다.

다섯 째, 역이용의 능력을 지니고 있습니다.

항상 분석하고 연구하는 자세를 가지고 있으며, 자신의 실수나 문제점이 발견되면 그것을 역전시켜 상황을 돌파하는 사람입니다.

여섯 째, 확신이 서면 바로 실행에 옮기는 사람입니다.

확신이 없다면 쉽게 덤벼들지 않습니다. 섣부른 행동은 실패를 자초하기 마련이기 때문입니다. 다만 절대로 포기하지는 않습니다. 포기는 곧 실패이기 때문입니다.

누구나 쉽게, 마음만 먹으면 시작할 수 있고 포기하지 않으면 성공할 수밖에 없는 네트워크비즈니스 세계에서도 실패하는 분들이 많습니다. 이분들 역시 공통점이 보였는데요, 크게 세 가지로 정리해보면 이렇습니다.

첫째, 너무 큰 것만 봅니다. 성공자들의 화려한 생활만 보고 네트워크비즈니스를 큰 사업이라고만 생각해서 세일즈라는 단계를 무시하려는 경향이 있는 분들이 있습니다. 영업을 고상하지 않다고 생각하는 잘못된 마인드를 가지고 있는 것이지요. 걸음마 단계를 거치지 않고 뛰려고 하는 사람은 반드시 넘어질 수밖에 없습니다. 처음부터 너무 욕심 부리지 마십시오. 시스템에 충실하십시오.

둘째, 너무 쉽게만 봅니다. 각종 미팅, 세미나에 열심히 참석하는 건 매우 좋은데 강의실에만 앉아 있는 분들이 있습니다. 이론적인 면에 도취되어 현장감 없이 막연하게 "어떻게든 되겠지" 하는 생각을 가지고 안이하게 생각하는 분들이지요. 본인은 손 하나 까딱하지 않고 상급자나 다른 사업자들에게만 의지하려는 사람도 있습니다. 네트워크비즈니스는 '내'가 직접 움직이지 않으면 절대 성공할 수 없는 사업이라는 걸 명심하십시오.

셋째, 발로 뛰지 않고 머리로만 하는 분들입니다. 고객 몇 명 초대한 것으로 만족하고 새로운 고객을 끊임없이 찾아야 하는 현실을 잊어버린 채 저절로 알아서 굴러가기를 바라는 마인드이지요. 이미 열정을 잃어버린 것입니다. 열정을 잃어버리면 성공의 기운도 빠르게 시들어갑니다. 씨를 뿌렸다면 쉬지 않고 김도 매고 물도 줘야 풍년을 맞이할 수 있다는 걸 잊지 맙시다.

마케팅, 사람이 먼저다

누군가가 저에게 마케팅이 무엇이냐고 물어본다면 전 주저 없이 마케팅은 제품에 생명력을 부여하는 것이라고 대답하겠습니다. 그저 좋은 물건을 만들기만 하면 사람들이 몰려들던 시대는 이제 끝났습니다. 지금은 소비자가 제품을 바라보는 것이 아니라, 제품이 소비자를 바라보고 적극적인 구애를 펼치듯 어필을 해야 하는 세상인 것입니다. 제품이 중심이 아니라 사람이 중심인 변화의 파도가 몰아치고 있는 것입니다.

다시 말해 마케팅에서 가장 중요한 문제는 사람의 마음을 사로잡는 것입니다. 즉 사람에 대한 이해도가 높아야 하는 것입니다.

서양에 마키아벨리의 《군주론》이 있다면 동양에는 《한비자》가 있습니다. 둘 모두 윗사람이 아랫사람을 다룰 때 어떻게 힘과 권위를 사용하느냐를 주로 논하고 있죠. 특히 한비자는 인간의 본성을 잔인하리만치 냉철하게 꿰뚫어보고 있습니다. 인간에 대한 그의 통찰력은 21세기인 지금도 여전히 유효합니다.

인간을 움직이는 동기는 무엇일까? 한비자의 통찰에 의하면 그것은 애정도 배려도 의리도 인정도 아닌 단 하나, 이익입니다. 인간은 이익에 의해 움직이는 동물이라는 것입니다. 이것이 《한비자》 전권을 일관하는 냉철한 인식입니다.

다음은 한비자가 한 말들입니다.

"뱀장어는 뱀을 닮았고, 누에는 애벌레를 닮았다. 뱀을 보면 누구나 놀라고 애벌레를 보면 누구나 징그러워 한다. 그러나 어부는 손으로 뱀장어를 잡고 여성은 손으로 누에를 집어 올린다. 즉 이익이 되는 것을 보면 누구나 용감해지는 것이다."

"수레를 만드는 장인은 사람들이 모두 부자가 되었으면 좋겠다고 생각한다. 관을 만드는 장인은 사람들이 모두 빨리 죽었으면 좋겠다고 생각한다. 그러나 전자를 선인이라고 후자를 악인이라고는 할 수 없다. 부자가 되어야만 수레를 사 줄 것이고, 죽어야만 관을 팔아 주기 때문일 뿐이다. 사람을 증오하는 것이 아니라 사람이 죽으면 자신이 이익을 얻기 때문이다."

따라서 뛰어난 마케터라면 제품을 홍보할 때 제품의 가치가 고객의 삶에 반드시 이익이 된다는 것을 느끼게 해줘야 합니다. 여러분의 사업이 상대방에게 놓칠 수 없는 기회라는 것을 확신하게 만드십시오. 매사에 인간의 행동에 대한 무한한 호기심을 가지고 따뜻한 시각으로 접근해 보십시오. 똑같은 물건과 현상을 보더라도 '왜' 라는 질문을 계속 던져야 합니다. 마케팅은 궁극적으로는 사람을 위한 활동이기 때문입니다. 이를 위해서는 무엇보다 간접경험의 가늠자를 갖기 위해 책을 많이 읽는 것이 가장 효과적이고 도움이 됩니다.

사람 앞에 서기만 하면 말 한마디 제대로 못 하고 얼굴이 빨개지는 내성적인 소년이 있었습니다. 다른 사람의 집에 가지도 못할 만큼 부끄러움과 수줍음을 타던 이 아이는 어느 날 불현듯 이런 생각을 하게 되었지요.

'인생은 한 번뿐이다. 그리고 그 인생은 나의 것이다. 이제부터는 과감하게 나 자신을 알리면서 살자.'

소년은 이 생각을 곧 실천에 옮겼습니다. 그 후 소년의 인생은 완전히 달라졌습니다. 그의 이름은 바로 영국의 극작가이자 소설가, 비평가로 알려진 조지 버나드 쇼입니다.

버나드 쇼는 1856년에 아일랜드에서 태어났고, 1925년에는 《인간과 초인》이라는 작품으로 노벨문학상을 수상했습니다. 94세를 일기로 세상을 뜰 때까지 끊임없이 새 작품을 구상할 만큼 열정적인 작가였습니다. 사후에도 그의 대표작 《피그말리온》이 '마이 페어 레이디'라는 제목의 영화로 만들어져 큰 사랑을 받았지요.

인생은 생각에 따라 달라집니다. 딱 한 번뿐인 인생을 무의미하게 허비하거나 좌절과 포기로 보내는 것은 아무리 생각해도 너무나 약이 오르는 일입니다.

사람들은 항상 자신의 초라한 모습을 환경 탓으로 돌립니다. 하지만 성공한 사람들은 모두 자신의 환경을 스스로 만들어나간 사람들이었습니다.

우리를 나약하게 하는 것은 상황이 아니라 우리의 정신입니다. 정신은 길들이기 나름이지요. 긍정적인 생각이 마음을 지배하면 열정의 태도를 갖게 하고 적극적인 행동을 낳습니다. 성공은 이 모든 것들에 이어 자연스럽게 따라오는 열매입니다.

폭풍 성장을 찾다

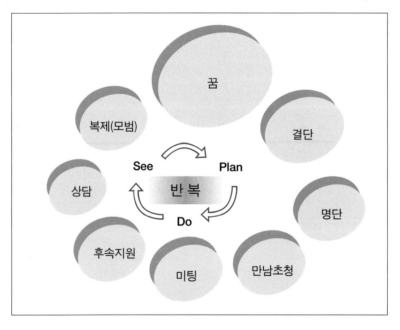

미국의 억만장자인 덱스터 예거는 '암웨이' 의 최고 직급자입니다. 미국에서 가장 영향력 있는 리더 중 한명으로《그 누구에게도 당신의 꿈을 빼앗기지 말라》등 8권의 베스트셀러를 쓰기도 했지요. 그가 체계화한 이론이 '성공의 8단계' 입니다. 한마디로 네트워크비즈니

스를 효과적으로 진행하기 위해 축적된 경험을 체계화시켜 놓은 것입니다. 많은 네트워크 업체들이 이 덱스터 예거의 성공의 8단계를 적극적으로 활용하고 있지요.

성공의 8단계는 (1)꿈과 목표의 설정 (2)결단 (3)명단작성 (4)만남과 초청 (5)사업설명 (6)후속조치 (7)상담 (8)복제로 구성되어 있습니다. 지금부터 좀 더 구체적으로 살펴볼까요?

제1단계 : 꿈은 성공의 내비게이션

우리의 인생을 이끄는 것은 바로 꿈입니다. 꿈을 가져야 내가 무엇을 해야 할지 어느 길을 어떻게 가야 할지 비로소 보이는 법이지요. 성공한 인생을 살고 싶다면 이루고 싶은 꿈을 가지는 것이 가장 먼저입니다.

우리는 어렸을 때 누구나 꿈이 있었습니다. 꿈도 컸습니다. 대통령, 과학자, 미스코리아…… 하지만 삭막하고 각박한 세상을 살다보니 꿈은 한낱 신기루처럼 사라지고 본의 아니게 꿈을 접고 살게 되는 것입니다.

지금 당장 꿈을 회복시키십시오. 머릿속으로만 생각하지 말고 구체적으로 수첩에 적으십시오. 아주 작은 것부터 큰 것까지, 여러분이 진정으로 원하는 것, 갖고 싶은 것, 하고 싶은 것, 가고 싶은 곳, 되고 싶은 사람 등을 기록하십시오.

갖고 싶은 것! 벤츠, 멋진 단독주택, 시내중심가 최고가 빌딩 등등 무엇이건 적으십시오.

가고 싶은 곳! 하와이 와이키키해변, 호주 골드코스트, 그랜드캐년, 프랑스 해변 등 어디든 좋습니다.

되고 싶은 사람! 모교에 장학금을 주는 사람, 소년소녀가장을 돕는 사람, 세계를 여행하며 즐기는 사람, 가정에선 돈 많고 능력 있는 남편이며, 밖에선 상당한 부를 가진 부유층이자 상류층 사업가, 친구 사이에선 부러움의 대상이 되는 성공자 등등…… 어느새 심장이 뜨거워지고 꿈이 부풀어 오르는 것을 느끼실 겁니다.

자, 꿈이 정해졌다면 이제 목표를 정할 차례입니다.

목표란 꿈에 일정을 정하는 것입니다. '꿈+일정=목표' 인 것이죠. 즉 언제까지 이 꿈을 이룰 것인지 세부 일정을 정하면 목표가 되는 것입니다.

10년 후 연봉 100억, 5년 후 다이아몬드, 1년 후 에메랄드…… 장기적인 목표에서부터 단기적인 목표로 되도록 자세하게 작성해 나가십시오.

저의 경우를 예로 들어볼까요? 저는 양복 안쪽 볼펜 꽂는 곳 아래, 그러니까 제 몸 심장 부위에 닿는 안감에 "반드시 월 1억! 2014. 12. 31." 이라고 유성 펜으로 큼지막하게 써놨습니다.

꿈과 목표를 가지고 있는 사람이 된 것만으로도 여러분은 한 단계 올라선 것입니다. 여러분의 인생은 특별해졌습니다. 꿈과 목표를 가지고 살아간다는 것 자체가 꿈인 사람들이 많습니다. 어제까지의 여러분도 그중 하나였다는 것을 기억하십시오.

인생을 성공적으로 산 사람들은 모두 꿈과 목표가 확실했던 사람들이었습니다.

제2단계 : 결단은 벼락처럼

꿈과 목표가 세워졌으면 결단을 해야 합니다. 꿈을 이룰 때까지 과거의 습관들을 버리는 결단입니다.

다이아몬드가 될 때까지 지금 당장 술 담배를 끊겠다, 낚시를 더 이상 하지 않겠다, 당구, 고스톱을 치지 않겠다 등등 구체적으로 하십시오.

저는 루안코리아에서 다이아몬드가 되고 벤츠를 타게 될 때까지 어설픈 모임, 과거의 친구들을 만나지 않겠다고 결단했었습니다. "난 앞으로 월 1억씩 벌 거야"라고 말했지만 그들은 제 꿈을 비웃을 뿐이었습니다.

여러분의 꿈에 부정적인 영향을 주는 모든 것들을 끊으십시오. 여러분의 꿈을, 결단을 무시하는 사람들을 상대하지 마십시오.

제3단계 : 옷깃만 스쳐도 고객이다

누구에게 정보를 줄 것이며 누구를 어떻게 초대할 것인지 결정하십시오. 여러분의 멘토, 여러분의 리더, 파트너와 함께 상의해서 명단을 작성하십시오.

먼저 주변의 아는 사람들의 명단을 기록하십시오. 이름을 아는 사람은 물론 안면이 있는 모든 사람을 적으십시오. 세탁소 아저씨, 앞집아줌마, 단골식당 주인 등 망설이지 말고 모든 기억을 총동원합니다. 내가 아는 모든 사람, 그동안 인간적으로 사귀어온 여러분 주변의 모든 사람들이 사업의 대상이 됩니다.

그다음으로는 분류를 해야 합니다. 거리상 가까운 사람, 경제력 정도, 성격, 사회적 지위 등등으로 구분하여 A - B - C 구체적으로 그룹을 나눕니다. 거기서 초대할 사람들을 선택하고 순서를 정합니다. 순서를 정하는 기준은 '누가 이 사업을 가장 필요로 할 것인가'가 되어야 합니다. 물론 여러분의 팀장 혹은 상급자가 이 모든 과정을 도와줄 것입니다.

제4단계 : 만나고 초대하기

이제 명단의 사람들을 만나고 초청해야 할 차례입니다. 여러분의 사업이 실제로 움직이기 시작하는 중요한 단계입니다. 더 많은 사람들을 만나고, 그들에 대해 알게 되고, 그들의 삶과 꿈을 나누게 되는 단계입니다. 곧 여러분은 누가 성공의 기회를 찾고 있고 성공을 위한 과제를 함께 풀어가고 싶어 하는지 알 수 있게 될 것입니다.

거절을 두려워 마십시오. 상대의 환경은 언제나 예측할 수 없는 변화 속에 있다고 확신하십시오.

지금 저의 산하그룹장중 월 1천만 원 이상 소득자가 된 정태식, 채애란 그룹장은 거의 1년에 걸쳐 끈질긴 리쿠리팅의 인연으로 저와 함께 하게 되었습니다. 1년 전에는 그들의 사업이 나름대로 잘되었고 만족했으나 어느 시점에서 정체를 띠기 시작해 변화가 필요했던 것이죠. 끝없이 자신감 있는 자세로 고객에게 접근하세요. 사람들을 초대하려면 많은 연습이 필요합니다. 많은 분들이 여기에 어려움을 느낍니다. 사람들에게 전화를 해서 얘기를 한다는 것 자체에 수줍어하고 어색해합니다. 하지만 네트워크마케팅의 장점 중 하나가 바로 모든 과정이 시스템화 되어 있다는 것이지요. 전화 거는 요령부터 세미나로 초대하는 방법까지 매뉴얼이 정해져 있습니다. 여러분의 상급자 혹은 팀장, 리더와 함께 상의하여 시작하십시오. 어떻게 접근하는 것이 효과적인지 먼저 경험한 사람의 조언을 듣고 결정하면 시행착오를 줄일 수 있습니다. 방법을 알았다면 반복해서 연습하십시오. 곧 미팅 약속을 잡는 데 전문가가 될 것입니다.

초대의 처음은 단 두 명으로도 충분합니다. 단 두 사람도 초대하지 못한다면 그 사람은 인생을 잘못 살아온 게 아닐까요.

제5단계 : 생동감의 비전을 보여줘라

고객을 초대해 긍정적인 성과를 거두려면 먼저 여러분의 사업을 정확하게 이해하고 있어야 합니다. 기존의 관념, 막연한 상식에 기대에 미치지 못할 설명을 했다가는 여러분도 상대방도 신뢰만 손상될 뿐입니다. 여러분이 먼저 제품 설명회를 100번 들으십시오. "이해하지 않으면 소유할 수 없다." 괴테가 한 말입니다. 수험생이 된 기분으로 시험공부 하듯이 공부하십시오. 제품의 사업성을 확신하면 다른 사람에게 설명하고 설득하는 데도 자연히 열정이 실리고 그 열정에 감염시킬 수 있게 됩니다.

수많은 신문, 인터넷, 광고판, 버스와 택시의 상업광고 등 정보과잉 시대에 노출되어 있는 고객들에게 상품의 가치 이상의 꿈과 희망을 열정으로 전달할 수 있어야 합니다. '엄청 좋은', '대단한', '최고의' 화장품이라는 진부한 수식어는 다른 화장품과의 차별화를 이끌어 내어 계약을 성공시키기에는 역부족입니다.

루안코리아의 '몽니스'는 4차원의 바이오 테크놀러지 공학으로 탄생해 초저분자의 입자로 피부 속 깊이 수시로 영양을 줄 수 있는 미스트 타입의 신개념 화장품입니다. 늙고 싶지 않다는 여성의 마음을 정확하게 이해하고 공략하는 제품으로 그 어떤 방부제나 화학성분도 들어 있지 않으면서 주름제거와 미백에 탁월한 효능이 있지요. 2년도 안 되어 연 10억 연봉자가 네 명이나 나왔다는 것 자체가 제품의 뛰어난 상품성을 보여주고 있지 않습니까?

제품에 대해 정확히 공부하기만 해도 여러분의 사업은 순풍에 돛

단 듯 펼쳐질 것입니다.

[참고기사1] '비싼 화장품=양질' 은 잘못된 상식!

대형 백화점 화장품코너에서 판매하는 값비싼 유명 메이커 여성 화장품이 지하 1층 생활용품 매장이나 슈퍼에서 파는 저가 화장품보다 품질이 좋을 거라고 생각하면 큰 오산이다.

미국의 대중연예주간지 내셔널인콰이러는 최근호에서 현재 미국에서 판매되는 대표적인 화장품을 분석한 결과, 질적인 면에서 고가 브랜드와 일반 제품이 별반 차이가 없다고 보도해 눈길을 끌고 있다. 이는 그동안 '고급브랜드=양질의 화장품' 이라는 여성들의 상식을 뒤엎은 내용이다.

인콰이어러지가 제품의 질과 가격을 비교?조사한 화장품 메이커는 모두 10개. 커버걸 맥스팩터 메이블린 뉴트로지나 레브론 등 약국 및 백화점 생활용품 코너에서 파는 5개 상표와 클리니크 에스티로더 랑콤 그리스티앙디오르 샤넬 등 국내에도 잘 알려진 유명브랜드 5개 제품이 대상이었다.

조사 결과 고가브랜드와 일반상표 모두 기름성분, 알코올, 타르로 이뤄진 화장품의 바탕재료는 똑같은 것으로 나타났다. 다만 브랜드에 따라 색상?채도?농도 등에 미세한 차이만 있을 뿐이다. 그러나 가격은 브랜드별로 무려 2-4배 이상 차이가 났다.

가령 뉴트로지나 액체파운데이션 한 병이 20달러인 반면 샤넬의 같은 종류 제품은 50달러로 30달러나 비싸다. 랑콤 파우더 브러시는 25달러인데 맥스팩터는 8달러에 불과하다. 마스카라는 에스티로더가 20달러, 메이블린이 7달러에

판매됐다. 심지어 6배 이상 차이가 나는 품목도 있었다. 백화점 1층에서 크리스티앙디오르 립스틱을 사면 22달러를 내야 하지만 슈퍼에서는 3달러 50센트만 내면 커버걸 립스틱을 살 수 있다.

그렇다면 똑같은 재료를 사용하는데도 유명브랜드 화장품 가격이 팝콘처럼 튀겨진 이유는 뭘까. 고급 브랜드들이 피부에 부작용이 없는 좋은 재료를 사용해서라기보다는 소비자들을 현혹시키는 고급스러운 용기나 광고모델 등에 많은 비용을 쏟아붓기 때문이다. 결국 유명 브랜드를 구입하는 여성들이 화장품회사의 마케팅비와 모델비를 고스란히 떠안게 되는 셈이다.

신디 크로퍼드, 샤론 스톤 등 유명 연예인을 상대하는 미국 최고의 메이크업 아티스트인 피터 라마스는 "비싼 화장품이라고 해서 반드시 좋은 것은 아니다. 끈적끈적해 사용하기 불편할 때도 많다"면서 "연예인들이 가장 선호하는 브러시는 슈퍼에서 구입한 7달러짜리 메이블린" 이라고 말했다.

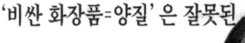

[참고기사2] 화장품 방부제 '유방암' 유발 가능성 높아

유방암으로 유방제거술을 받은 40명 여성의 유방조직 샘플을 조사한 결과 냄새제거제, 메이크업, 바디로션, 보습제 및 기타 다른 많은 화장품에 널리 사용되는 방부제인 파라벤이 검출됐다. 14일 영국 리딩대학 연구팀이 〈응용독물학 저널〉에 밝힌 이번 연구 결과만으로 파라벤이 유방암 발병을 유발한다거나 유방암 발병에 일정 역할을 한다고 단언할 수는 없지만 파라벤 사용에 대한 의문을 제기할 필요는 있는 것으로 나타났다. 파라벤은 인체 유방암이 자라게 하는 에스트로겐 작용과 유사한 작용을 하는 것으로 알려져 있어 유방암 발병과의 연관성에 대해 그동안 많은 관심이 모아져 왔다. 2005~2008년 사이 영국 내 원발성 유방암으로 수술을 받은 40명 여성에서 각각 4개 총 160개 유방 조직 샘플을 채취 조사한 이번 연구에서 총 160개 샘플 중 99%인 158개 샘플에서 최소 한 개 이상의 파라벤이 검출됐으며 60%인 96개에서는 다섯 개가 검출됐다. 파라벤의 농도를 측정한 결과 상당수에서 실험실에서 에스트로겐 의존 인체 유방암 세포가 자라게 할 정도로 충분한 정도인 것으로 나타났다.

제6단계 : 새로운 시작을 지원하라

사업설명 등을 듣게 한 후에는 24시간 안에 다시 만나야 합니다. 다시 만나는 목적은 사업의 시작을 돕기 위한 것입니다. 처음의 초대에서 보여준 비전에 대해 좀 더 설명을 해주고 우리의 사업이 어떤 미래를 줄 수 있는지 다시 한 번 확인시켜주기 위한 만남입니다. 24시간 안에 만나야 하는 것은 너무 오래 기다리게 하면 사업에 대한 믿음이 약해져 기회를 잃게 되기 때문입니다. 다시 만났을 때 그들의 질문을 귀담아 듣고 각각에 대해 관심과 사려 깊은 마음으로 이야기를 나눕시다. 이때 가르치는 듯한 어조로 말하지 않도록 주의하십시오. 오직 열정적인 태도로 당당한 자세로 대하십시오.

만약 상대방이 여러분의 사업에 아무런 관심을 보이지 않는다면 강요하지 마십시오. 그는 꿈이 없는 사람입니다. 여러분이 아무리 함께 성공하고 싶은 사람이라 하더라도 꿈이 없는 사람에게 꿈을 갖게 하는 것은 죽은 사람을 살리는 것보다 더 어렵습니다. 비전이 없는 사람에게 경제적 부와 자유에 대한 동기부여를 넣어줄 수가 없습니다.

여러분과 인생관이 깊고 꿈이 많으신 분들과 더불어 사귀십시오. 인생을 좀 더 진취적으로 살아가려는 사람들과 사귀어야 합니다. 여러분의 꿈을 비웃는 사람, 여러분을 부정적으로 만드는 사람들과의 관계에서 벗어나야 합니다. 그들은 여러분을 지치게 하고 에너지를 고갈시킵니다. 열정이 있는 사람을 만나십시오.

제7단계 : 긍정적으로 카운셀링하기

여러분의 스폰서, 상급자, 리더, 팀장은 바로 사업의 황금줄이나 다름없습니다. 회사의 시스템을 전적으로 신뢰하고 의지하십시오. 여러분은 여러분이 무엇을 모르는지 모릅니다. 상담을 하지 않으면 잘못된 방향으로 빠져 사업의 실패로 이어질 수 있으니 주의해야 합니다.

단 자기경영의 마인드를 가지십시오. 간혹 초기의 어려움에 쉽게 좌절하고 이런저런 불만을 호소하며 우는 소리를 하는 분들이 있습니다. 징징대지 마십시오. 성공이 오려고 해도 달아납니다.

여러분이 들어서 기분 좋은 말은 남이 들어도 기뻐합니다. 누가 여러분을 비판할 때 여러분 기분이 어떻습니까? 친한 사람일수록 단점을 지적하는 사람들이 있습니다. "다 널 위해서"라면서 아픈 곳을 후벼팝니다. 여러분도 그런 적이 있을지 모르겠습니다. "입에 쓴 약은 보약'이라며 상대방이 잘 되길 바라는 마음에 쓴 소리를 늘어놓은 경험이 있을 것입니다.

그러나 잘 생각해보십시오. 그것이 그 사람과의 관계에 도움이 되었습니까? 내가 말해준 대로 단점을 고치던가요? 여러분은 여러분이 누군가에게서 들은 뼈아픈 충고대로 행동을 바꾸신 적이 있습니까? 사람은 다 결국은 자기가 하고 싶은 대로 행동하게 됩니다. 듣기 싫은 소리로는 부정적인 기분만 얻는 것이지요.

친한 사이일수록, 사랑하는 사이일수록, 아끼는 관계일수록 더욱 칭찬을 해주십시오. 사람들의 마음을 기쁘게 하는 얘기만 해야 합니다. 긍정적인 말은 긍정적인 결과를 낳습니다. 사소한 성공에도 축하해주고 칭찬합시다.

제8단계 : 모범을 복제하라

성공하고 싶다면 여러분의 모든 것을 성공자에 맞게 바꿔야 합니다. 습관, 태도, 마인드 모두 갈아 끼우십시오. 걸음걸이도 바꿔야 합니다. 가슴을 펴고, 허리를 똑바로 세우고 당당하게 걸으십시오. 목소리의 톤도 바꾸십시오. 여러분 안의 '작은 거인'을 깨우십시오.

'성공을 위한 8단계'를 충실하게 이행했다면 여러분은 어느새 리더이자 코치로, 그리고 궁극적인 멘토로 성공의 반열에 올라 있을 것입니다. 여러분의 영향력을 최대화시키기 위해 꾸준히 책을 읽고 세미나에 참석하고 팀워크를 위해 노력하십시오. 그리고 만약 사업이 잘 진행되지 않으면 1단계부터 다시 점검합니다.

이창우의 귀감(龜鑑) 〈6〉

시스티나 성당은 1481년 로마 바티칸에 세워진 교황 전용 예배당이자 오늘날까지 교황을 선출하는 추기경 회의인 콘클라베의 개최장소로 사용되고 있다. 1508년, 미켈란젤로는 교황 율리우스2세의 요청에 따라 이 성당에 불후의 명작인 '천지창조'를 그리게 된다. 그는 날마다 성당에 틀어박혀 사람들의 출입을 금지하고 무려 4년 동안 고개를 뒤로 젖힌 채 거의 누운 자세로 천장화 그리는 일에만 매달렸다. 하도 누워서 그림을 그리다 보니 나중에는 편지도 종이를 하늘로 치켜들고 머리를 젖힌 채 읽어야 할 정도였다고 한다.

어느 날, 여느 때처럼 천장 밑에 세운 작업대에 앉아 고개를 뒤로 젖힌 채 천장 구석구석에 심혈을 기울여 그림을 그리고 있는 미켈란젤로에게 한 친구가 물었다.

"여보게, 잘 보이지도 않는 구석까지 뭘 그렇게 정성을 들여 그리나?

누가 그걸 알아준다고!"

그 말에 미켈란젤로는 이렇게 대답했다.

"그거야 내가 알지!"

누가 알아주든 말든 잘 보이지 않는 구석까지 혼신의 힘을 다하는 미켈란젤로처럼 아무도 알아주지 않아도 좋은 일, 여러분이 정말 좋아서 몰두하고 있는 일은 무엇입니까?

꿈을 꾸지만 거두지 못하는 이유는 꿈을 심지 않기 때문입니다. 가만히 앉아 있어서는 절대로 성공할 수 없습니다. 언제까지 누군가의 엄마로, 누군가의 마누라로, 아줌마로 불려야 합니다. 인생의 후반기. 어떻게 살아야 할 것인지 이제 결정해야 합니다. 당신은 세상 최고의 빛 다이아몬드이니까요.

계약의 3단계 구축 노하우

,

어떻게 고객에게 접근하며, 어떻게 비전(제품)을 설명하며, 어떻게 계약에 성공할 것인가? 이 모든 과정은 자연스럽게 물 흐르듯이 이루어져야 합니다.

접근
(approach)

설득(설명)
(speech)

계약
(closing)

접근(Approaching) - DISC 전략을 활용하라

사람을 상대하는 것이 어려운 이유는 각자 타고난 성격이 달라 어떻게 대응해야 적절한지 잘 모르기 때문입니다. 만약 상대방의 성격 유형을 파악하고 그 대처 요령을 안다면 상대방의 마음을 쉽게 읽을 수 있겠지요. 사람의 성격을 혈액형에 따라 나누고, 별자리에 따라 나누는 등등 많은 구분법이 있지만 제가 개인적으로 공감하는 것은 1920년대 콜롬비아 대학 윌리엄 교수가 고안한 D.I.S.C. 유형입니다.

사람의 성격은 매우 다양하지만 크게 보면 4대 유형 중 하나에 속하기 마련입니다. 그럼 지금부터 각 유형의 특징과 접근 방식을 설명해드리겠습니다.

첫 번째로 D형은 저돌적으로 밀어붙이는 유형으로 마치 성난 황소처럼 좌충우돌을 하더라도 끝까지 포기하지 않고 자기 뜻을 밀고 나갑니다. 그러다 보니 다른 사람은 안중에도 없는 경우가 많지만 이러한 약점을 잘 커버하면 많은 사람들을 이끄는 리더로 적합한 사람이 됩니다. 가장 외향적이고 도전적이며 정치성향이 뚜렷한 유형입니다.

[접근] D형처럼 저돌적으로 달려드는 사람을 대할 때는 상대방보다 더 강한 자세를 취해야 훨씬 잘 따라옵니다. 기가 눌린 듯한 모습을 보이면 기고만장해져 내 이야기를 들을 생각도 하지 않습니다. 이런 분들한테는 질문보다는 강한 권유가 좋습니다. 길게 설명하기보다 간단명료하게 말해야 합니다. 지루하고 복잡하다고 생각하면 자

리를 박차고 나갈 유형입니다.

　두 번째로 I형은 사람들과 웃고 떠드는 것을 즐기는 외향적인 성격
으로 관계중심적인 면모가 두드러집니다. 만약 참석한 자리의 분위
기가 시들하면 억지로라도 분위기를 반전시킵니다. 눈에 잘 띄고 본

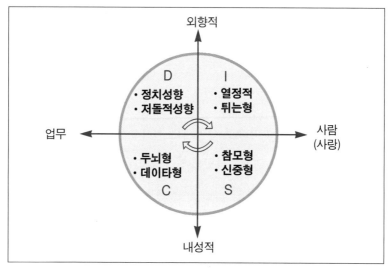

인 스스로도 무리에서 튀기를 바랍니다. 이들은 감정의 변화가 심해
분위기에 따라 쉽게 감동하고 흥분하지만, 반대로 분위기가 가라앉
으면 끝없이 추락하기도 합니다. 따라서 감정을 다치지 않도록 세심
하게 대해야 합니다. 하지만 뒤끝이 없어서 설사 좋지 않은 일이 있
더라도 제대로 사과만 하면 말끔히 잊습니다. 본인이 실수했을 경우

에도 망설이지 않고 사과하는 편입니다. 기본적으로 주위 사람들과의 원만한 관계를 원하기 때문입니다.

[**접근**] 놀기 좋아하는 I형은 세미나에 초대합시다. "아주 신나고 재미난 데가 있는데 함께 갑시다. 좋은 사람들도 많고 끝나고 회식도 있습니다"라고 흥을 돋우면 자기가 먼저 가자고 재촉할지도 모릅니다. 제품에 대해서도 열정적으로 설명하십시오. 눈을 반짝이며 들을 것입니다.

세 번째로 S형은 수줍음을 많이 타는 내성적인 성격으로, 친한 사람과는 가깝게 지내지만 모르는 사람과는 낯을 가려 사교성이 없거나 너무 잘난 체하는 것으로 오해를 받기도 합니다. 무엇보다 이해심 많고 성격이 좋아 사람을 좋아하며 가족, 친구, 동로 등 가까운 사람에게 지극정성입니다. 자신에게 잘해 주는 사람에게는 자기가 받는 것의 몇 배의 신뢰와 충성심을 보입니다. 자기 의견이나 좋고 싫음을 잘 표현하지 않아 속내를 정확하게 파악하기 어렵지만 기본적으로 사람이 좋은 만큼 자기희생을 해서라도 주변 사람들을 챙기고 갈등이나 대결을 피하려고 합니다. 자기보다 남을 더 챙기므로 융통성도 좋고 원만하게 잘 지내는 것을 최고로 여깁니다.

[**접근**] 수줍음이 많아 남 앞에 나서길 꺼려하는 S형은 다른 사람의

부탁을 잘 거절하지 못하는 성격을 파고들어야 합니다. "저랑 같이 세미나에 같이 가주면 많은 힘이 될 거예요. 꼭 함께 가시죠"라고 부탁하면 거절할 줄 모르는 성격이라 쉽게 '노'라고 하지 못합니다. 남에게 실망을 안겨주는 것을 가장 싫어하는 유형이기 때문입니다. 제품에 대해 설명할 때 강요는 금물입니다. 차분하게 절차대로, 여유롭게만 설명해도 관심을 갖습니다.

마지막으로 C형은 철저한 분석형으로 모든 것이 딱딱 맞아떨어져야 직성이 풀리는 지적이고 침착한 성격입니다. 자신이 옳다고 판단하는 일에는 자기주장을 강하게 내세우며 한 치의 양보도 하지 않습니다. 분석과 계산에 능하고 머리가 좋으며 좀처럼 감정을 표현하지 않습니다. 또한 변화를 싫어하고 다른 사람의 얘기를 잘 들어주지만 나름대로 분석해 일목요연하게 따지기도 합니다.

[접근] 꼼꼼하고 분석적인 성격에 머리도 좋아 늘 자기 생각이 옳다고 여기는 C형에 접근할 때는 구체적인 정보로 제품의 가치를 설명해야 합니다. 스스로 자료를 보고 판단할 수 있도록 기회를 주십시오. 제품의 효능을 입증하는 각종 데이터와 뉴스 기사만 제대로 활용해도 스스로 분석하고 이해하며 사업의 타당성을 깨닫게 될 것입니다.

설명(Speech) - 상대방의 거울이 되어라

사람의 성향을 알기 위해서는 먼저 대화를 해야 합니다. 대화를 하기 위해서는 만나야 하지요. 미팅은 함께 식사를 하는 것부터 시작하십시오. 성격을 분석하고 수첩에 그 사람의 이름과 I인지 D인지 S인지 C인지 적어두십시오. 유형별 특성에 맞춰 적절히 대처하십시오.

상대방의 마음을 읽을 줄 안다면 무엇이건 자신에게 유리한 쪽으로 이끌 수 있습니다. 고객을 잘 알면 영업을 잘하게 되고 배우자를 잘 알면 부부관계가 좋아지며 동료를 잘 알면 협조를 구하기 쉽게 됩니다. 언제, 무엇을, 어떻게 말해야 하는지 알기 때문입니다. 다만 성격 유형에 대해 아는 만큼 여러분의 페이스대로 대화를 끌고 갈 수 있다는 것은 유리하지만, 그렇다고 해서 상대방이 끌려간다거나 조종을 당한다는 느낌을 갖도록 하면 안 됩니다.

말은 그 내용보다 전달 방식이 더 크게 작용하는 경우가 많습니다. 목소리의 톤이나 높낮이에 따라 상대방이 받아들이는 느낌이 달라지기 때문입니다. 그러므로 말을 하기 전에 무슨 말을 어떻게 전달할 것인지 미리 고민해야 합니다.

사람들은 상대방이 편안하게 느껴지면 경계를 풀고 마음을 쉽게 엽니다. 상대방으로 하여금 여러분을 편안하게 느껴지게 하기 위한 좋은 방법이 하나 있습니다. 그것은 '상대방을 따라하기' 입니다.

상대방이 쓰는 말투를 따라해 보십시오. 물론 은연중에 시도해야 합니다. 상대방이 팔짱을 끼거나 다리를 꼬면 똑같이 따라합니다. 말의 속도도 상대방에게 맞추어 상대방의 말이 느리면 느리게, 빠르면 빠르게 말합니다. 이렇게 상대방의 거울이 된 것처럼 행동하면 상대방은 무의식적으로 여러분을 편안하게 느끼고 신뢰를 보내게 됩니다.

상대방을 따라한다고 해서 주도권을 넘겨주는 것은 아닙니다. 어디까지나 경계심을 줄이고 친밀감을 높이기 위한 노력일 뿐입니다. 이렇게 하면 서로 시선을 맞추는 것도 쉬워집니다. 대화를 하는 동안 상대방과 눈을 마주치는 것이 매우 중요합니다. 다만 뚫어질 듯 강하게 응시하는 것은 상대방을 불편하게 만듦으로 삼가는 것이 좋습니다. 그렇다고 눈을 맞추지 않은 채 이야기를 하면 신뢰감을 줄 수 없으니 주의해야 합니다.

시선은 상대방의 미간 사이에 위치시키는 게 좋습니다. 대화를 들을 때는 중간중간 추임새를 넣어주고 고개를 끄덕이는 등의 경청의 제스추어를 취합시다. 여러분 쪽에서 얘기를 해야 할 때는 상체를 상대를 향해 기울이며 말해봅시다. 자신에게 제대로 집중하고 있다는 느낌이 들어 여러분의 말을 경청하게 될 것입니다.

Chapter 02 ··· 실현 가능한 비즈니스에 도전

계약(Closing) - 마무리이자 새로운 시작

계약은 자연스럽게 진행하는 것 같지만 내면은 맹수의 왕 호랑이가 토끼를 사냥할 때처럼 전력질주하지 않으면 성공할 수 없습니다. 그 이유는 '토끼는 목숨을 걸고 달리기 때문'입니다. 토끼는 목숨을 걸고 도망치는데, 만약 호랑이가 '못 잡으면 한 끼 정도는 굶지 뭐' 하는 느긋한 마음으로 달린다면 어떻게 토끼를 잡겠습니까?

'되면 좋고, 안 되도 할 수 없다'라는 생각으로 고객을 만나면 아무런 성과도 얻을 수 없습니다. 오늘 반드시 계약을 하겠다는 목표를 정했으면 그 목표를 이룰 때까지 목숨을 걸고 덤벼야 합니다. 오더가 이루어지지 않으면 한 발짝도 움직이지 않겠다고 결심하고 덤벼야 합니다. 얻고자 한다면 목표를 향해 전력 질주해야 합니다. 계약을 제때 성사시키냐 아니냐 하는 것도 습관입니다.

어떤 명궁이 두 제자와 함께 숲에 갔다.

두 제자는 화살을 당겨 멀리 있는 과녁을 향해 쏠 준비를 했다. 그때, 스승이 그들을 중단시키고 무엇을 보았는지 물었다.

첫 번째 궁수가 대답했다.

"위로 하늘과 구름이 보이고, 밑으로는 들판과 풀밭이 보입니다. 숲에는 참나무, 밤나무, 소나무도 보입니다. 또……"

스승은 그의 말허리를 잘랐다.

"활을 내려놓아라. 너는 오늘 쏠 준비가 되어 있지 않구나."

스승은 두 번째 궁수에게 물었다.

"너는 무엇이 보이느냐?"

"과녁 중앙에 있는 점 외에는 아무것도 보이지 않습니다."

"그러면 활을 쏘아라."

그가 쏜 화살은 과녁의 정중앙에 바로 꽂혔다.

지금부터 여러분이 눈을 떼지 말아야 할, 삶에서 가장 중요한 목표는 무엇인가요?

사자는 목표물을 한 번 정하면 중간에 더 잡기 쉬운 사냥감이 나타난다고 해도 바꾸지 않는다고 합니다. 선택과 집중이 사냥의 성공률을 더 높인다는 것을 사자는 알고 있는 것이지요. 비즈니스와 인생도 마찬가지입니다.

절대불변의 마케팅 6대 원칙으로 무장하라

,

호감의 원칙 - 가장 훌륭한 장신구는 미소다

사람은 누구나 모두 매력적인 사람에게 관심을 가지고 보다 적극적으로 대화를 나누고 싶어합니다. 성공하려면 우리는 모두 매력적인 사람이 되어야 하는 것입니다. 호감과 비호감은 우리 뇌에서 아주 순간적으로 결정된다는 연구결과가 있습니다. 처음 만나는 사람과 인사를 나누는 3초 사이에 상대방에 대한 호감 비호감은 결정되어버린다는 것입니다. 첫인상이 중요한 이유가 바로 이것입니다.

첫인상을 좋게 하기 위해 우선 필요한 것은 깔끔하고 단정한 옷차림입니다. 결혼식이나 칠순잔치 등 남의 잔치에 갈 때는 한껏 치장하고 가면서 자신의 비즈니스를 할 때는 꾸미지 않는 분들이 많습니다. 화장도 하지 않은 민낯에 지나치게 편한 옷차림으로 나오지 마십시오. 식사 후에는 꼭 양치질을 하시고 몸에서 항상 은은한 향기가 풍길 수 있도록 냄새에도 신경 써야 합니다.

그렇다고 남을 외모로 판단해서는 안 될 것입니다. 언제나 열린 마음으로 상대방을 대해야 합니다. 다만 남들은 여러분을 외모로 판단하고 있다는 것을 이해하고 인지하고 있어야만 합니다.

단정하고 깔끔한 옷차림과 함께 필수적으로 장착해야 할 것이 있습니다. 바로 미소입니다. 아무리 비싼 옷을 살 차려 입었다고 해도 얼굴이 굳어 있으면 인상이 좋아 보일 리 없습니다. 인상이 좋지 않은 사람과 즐겁게 대화를 나누려는 사람은 어디에도 없을 것입니다.

예전에 '신바람 박사'로 불리며 활발한 강연 활동을 하던 황수관 박사를 기억하시는 분이 많을 겁니다. 안타깝게도 2년 전에 별세하셨죠. 여하간 황 박사님은 과거 젊은 시절 어딜 가나 꼭 경찰 불신검문의 단골이었다고 합니다. 이래저래 불편한 것도 많았지만 옆에 있는 사람들에게 미안하기도 해서 거울을 보며 5년을 넘게 웃는 연습을 했다고 합니다. 자신은 범상, 즉 무서운 호랑이 관상이라 오던 복도 달아날 지경인지라, 어떻게든 팔자를 바꾸겠다는 일념 하나로 계속 웃었더니 어느새 얼굴이 웃는 상으로 바뀌고 그 덕에 사회적으로도 유명 인사가 되었다는 것이었습니다.

만약 여러분 얼굴이 지금 일그러져 있다면, 그리고 인상이 좋다는 말을 별로 듣지 못하고 있다면 이미 5년 전부터 웃을 일이 별로 없었

　　　　　Chapter 02 ··· 실현 가능한 비즈니스에 도전

다는 애기이기도 합니다. 지금부터라도 많이 웃으십시오. 웃으면 복이 옵니다. 웃어야 성공합니다. 많이 웃으면 표정만 밝아지는 것이 아니라 몸의 자연치유력도 좋아집니다. 5년 후의 인상을 복이 들어오는 얼굴로 바꾸고 싶다면 지금 바로 거울을 보고 웃는 연습을 하십시오. 어느새 모두가 대화하고 싶어하는 매력적인 사람이 되어 있을 겁니다.

미소는 돈을 요구하지 않는다.

그러나 많은 일을 해낸다.

미소는 주는 자와 받는 자를 부유하게 만든다.

미소는 번개처럼 지나가지만 그 기억은 종종 영원히 남는다.

미소가 없는 사람은 부자가 아니다.

그리고 미소를 가진 사람은 가난뱅이가 아니다.

미소는 가정에 행복을 창조하고

비즈니스의 세계에 호의가 넘치게 한다.

미소는 피로한 자에게 안식을, 실망한 자에게 희망을,

슬픈 자에게 기쁨을 준다.

미소는 고민에 빠진 사람에게 가장 좋은 처방약이다.

- 데일 카네기

상호성의 원칙 - 받고 싶다면 먼저 주어라

상대방과 내가 전혀 공통점이 없을지라도 상대방이 먼저 호감을 표시하면 나 역시 상대에게 호감을 느끼게 된다는 원리입니다. 남에게 호의를 받으면 어떻게든 갚아야 할 것 같은 기분이 드는 것입니다.

〈미녀는 괴로워〉라는 영화를 보신 적 있습니까? 그 영화의 주인공이 전신성형수술을 받고 기가 막힌 미녀가 되어 처음 거리로 나갔을 때 우연히 중고자동차 판매소에 들르게 됩니다. 차를 살 생각은 전혀 없었죠. 하지만 자동차 딜러의 "정말 아름다우십니다"라는 말 한마디에 덜컥 폐차 직전의 차를 구입하고야 맙니다. 난생처음 들어보는 칭찬에 감격한 여주인공이 손해를 감수하고 딜러에게 이익이 되는 행위를 한 것이죠.

또 다른 예를 들어볼까요? 동네 자주 가는 슈퍼 같은 경우 잔돈이 조금 모자랄 경우 "에이, 다음에 와서 주세요"라는 말을 들어본 적이 있을 겁니다. 이처럼 뜻하지 않게 이루어진 외상 거래는 고객에게 미안한 마음이 들게 만들어 그 가게의 충성 고객이 되게끔 하죠. 보험 판매원으로부터 아무 대가 없이 사탕이나 요구르트를 열 개쯤 받게 되면 괜히 미안한 마음에 보험에 가입하게 되는 것도 마찬가지 원리입니다.

상대방에게 빚을 지우십시오. 비용 부담 전혀 없이 빚을 지우는 가장 좋은 방법은 끊임없는 관심과 칭찬을 하는 것입니다. "머리스타일 바꾸셨네요? 멋지세요", "처음 보는 귀걸이를 하셨네요. 잘 어울립니다", "오늘따라 예뻐 보이시네요" 등등 상대방에게 관심을 가지고 칭찬하고 격려하십시오. 칭찬은 아무런 비용 없이 상대방의 심리에 부채감을 심는 가장 간단하면서도 효과적인 방법입니다.

우리가 처음 만나는 모든 사람은 귀인입니다. 상대방을 귀하게 대하십시오. 상호성의 원칙에 따라 상대방도 나를 귀하게 대하게 됩니다. 네트워크비즈니스는 '인격 사업'이기도 합니다. 능력이 아무리 뛰어나도 기본적인 성품이 훌륭하지 않으면 성공이 불가능합니다. 사람을 귀하게 여기고 인연을 소중하게 여기는 사람이 되십시다.

희귀성의 원칙 - 흔한 아이템을 피하라

누구나 다루는 제품, 어디서나 볼 수 있는 흔한 제품은 사업 아이템으로 적절하지 않습니다. 희귀하면 희귀할수록 사람들은 그 물건의 가치를 더 높게 평가합니다. 예를 들어 한정판매를 하게 되면 그 이후로는 해당 제품을 다시는 살 수 없을 거 같은 생각에 당장 필요하지 않더라도 일단 사고 보는 식입니다. 물건을 사는 행위에는 갖고 싶었던 물건을 얻은 기쁨이 있습니다. 반대로 물건을 사지 않을 경우 그 물건을 얻지 못했다는 슬픔도 함께 있습니다. 사람들은 어떤 물건을 얻었을 때의 기쁨보다 얻지 못했을 때의 슬픔을 더 크게 느낍니다. 그래서 홈쇼핑 채널을 보면 유독 '미감임박', '오늘 단 하루만', '얼마 남지 않았습니다' 등의 말을 자주 사용하는 것입니다.

누군가의 마음을 뺏고 싶다면, 망설이는 사람을 결정하게 하고 싶다면 희귀성의 원칙을 적극 이용해 봅시다.

권위의 원칙 - 지식은 전문가처럼, 옷은 제복처럼

우리 인간들은 유독 직함, 옷차림, 제복, 전문가 용어, 고급자동차 등등 권위를 나타내는 상징물에 유독 약한 모습을 보이고 무조건 맹신하는 경향이 있습니다. 아주 잘 차려입은 의상은 보석이나 자동차와 더불어 한 개인의 사회적 지위와 권위를 대변하고 있죠.

같은 말도 권위가 있는 사람이 발언하면 신뢰도가 극적으로 올라갑니다. 보통의 경우라면 거절할 일도 내가 다니는 교회의 목사나 내가 다니는 절의 스님이 얘기하면 납득하고 순종하게 되지요.

여러분 스스로 권위를 창출하십시오. 군인이 제복을 입듯 정장을 갖춰 입으십시오. 제복을 입듯 전문성을 지녀야 합니다.

하루라도 먼저 공부한 사람이 전문가가 됩니다. 실력과 전문성을 가지고 제품을 설명하면 신뢰도가 급상승합니다. 신뢰도가 높으면 긍정적인 심리가 형성되어 제품의 장점이 더 커 보이고 실제로 느끼는 효능도 극대화됩니다.

여러분의 스폰서와 여러분의 리더, 소그룹장을 존중하십시오. 상사의 권위를 세워주십시오. 성공이 더욱 가까워집니다.

일관성의 원칙 - "예스, 예스, 예스"의 마법

상대방으로 하여금 "예"를 세 번 유도하면 긍정의 반응을 유도할 수 있다는 원칙입니다. 한 번 긍정의 방향으로 흐르기 시작하면 부정의 방향으로 금세 전환시키기 힘들기 때문입니다. 다음의 예를 한 번 볼까요?

A : 안녕하세요! 오늘 좀 추우셨죠? 제가 따듯한 차 한 잔 드릴게요.

어제부터 바람이 계속 차갑네요. (사소한 개입)

　　B : 예, 꽤 쌀쌀하네요.(첫 번째 예스)

　　A : 그래도 올해는 작년보다는 덜 추운 것 같죠?(사소한 개입)

　　B : 예, 그렇군요.(두 번째 예스)

　　A : 소개하고 싶은 제품이 있는데 한 번 보실래요?(본론)

　　B : 예, 그럴까요?

　이렇게 고객으로부터 "예"라는 답을 먼저 유도하십시오. 용건보다는 가벼운 질문으로 고객이 여유를 가지게 만들어 "예" 라는 대답이 나오게 만들어야 합니다.

　고객으로 하여금 세 번의 "예스"를 외치게 하십시오.

　이 강의 내용이 사실이면 대박 맞죠? 예스!

　이왕이면 싸게 쓰면서 용돈도 벌면 좋겠죠? 예스!

　내친 김에 자유롭게 여행도 다니시면 더 좋겠죠? 예스!

　그럼 저희 제품에 대해 소개해드릴게요. 궁금하시죠?

　예스!

사회적 증거의 원칙 - 시대의 흐름을 파악하고 예측하라

사회적 증거의 원칙은 한 마디로 말해, 다수의 사람들이 하는 무언가가 좋아 보이고, 옳아 보이며, 따라서 자기도 모르게 그것을 하게 된다는 것입니다.

이를 테면 비슷한 식당이 나란히 있다고 합시다. 한쪽은 좀 낡았지만 손님으로 북적거리고(A), 다른 한쪽은 금방 인테리어를 마친 듯 세련되게 꾸며져 있지만 파리가 날리고 있습니다(B). 이 경우 대개는 A를 선택합니다. 사람이 많은 쪽에 신뢰를 갖는 것입니다.

마트에 갔을 때도 우리는 사회적 증거의 원칙을 따르게 됩니다. 어떤 상품이 유독 많은 사람들의 카트에 들어 있는 것을 보게 되면 자기도 모르게 그 상품에 관심을 가지게 되는 것입니다.

실시간 검색어 1위, 실시간 급상승 검색어, 100만 다운로드 돌파! 등등의 단어에 민감한 것도 이 사회적 증거의 원칙 때문입니다. 인터넷 쇼핑몰에 제품 후기를 올리게끔 적극적으로 유도하는 것도 소비자의 심리에 작용하는 사회적 증거의 원칙 때문이죠.

유행을 따르는 심리도 이 사회적 증거의 원칙에 해당됩니다.

'힐링'과 '웰빙'은 현대 사회의 뚜렷한 소비 트렌드입니다. 화장품 분야에서도 점차 과거의 화학덩어리 화장품에서 유기농 천연화장품으로 넘어가는 뚜렷한 흐름을 보이고 있습니다. 점점 더 많은 사람들이 화장품의 성분에 관심을 보이며 화학첨가물과 방부제에 민감한 반응을 보이고 있습니다.

  아직은 화학덩어리 화장품이 화장품 시장의 대부분을 차지하고 있지만 조만간 시장의 판도는 크게 바뀌어 천연화장품이 중심에 자리하게 될 것입니다.

　　　　　　　　　　Chapter 02 ··· 실현 가능한 비즈니스에 도전

2009년 가을, 미국의 ABC방송은 두 다리를 잃고서도 스포츠의학 전문 가로서, 또 유명한 테너가수로서 자신감 있게 살아가는 어느 아일랜드 인의 인생을 특집으로 방송했다. 그의 이름은 로넌 타이넌(44). 보통의 사람은 감당하기 힘들 만큼의 고난과 어려움으로 겪었고 또한 보통의 사람은 꿈꾸기도 힘든 일들을 이루어낸 위대한 인물이었다.

로넌 타이넌은 태어날 때부터 한쪽 다리가 짧은 기형이었다. 보통 사 람처럼 걷거나 뛸 수 없는 몸이었지만 운동신경이 남다르고 말 타기를 좋아했던 그는 승마 선수가 되어 출전하는 경기마다 좋은 성적을 거두 었다. 고등학교를 졸업하면서는 더블린의 명문 트리니티대 의대에 우 수한 성적으로 합격해 주변을 놀라게 했다.

하지만 그가 스무 살이 되던 해, 선천적인 기형보다 더 큰 시련이 그를 덮치게 된다. 불의의 교통사고로 인해 두 다리를 절단하게 된 것이다. 보통 사람이라면 하늘을 원망할 법도 한 상황이었지만 가혹한 시련도 그는 좌절시키지 못했다. 로넌 타이넌은 퇴원하자마자 인공다리로 대 학교 기숙사 계단을 오르내리며 다리 힘을 키웠고, 결국 1981년 국제 장애인올림픽에 첫 출전한 것을 시작으로 1984년까지 무려 18개의 금 메달을 따내고 14개의 세계신기록을 세운 것이다.

대학을 마친 그는 장애인으로서는 최초로 아일랜드 국립체육교육대학 원에 진학해 스포츠의학을 전공한 뒤 고향에 스포츠 부상자 치료 전문 병원을 열었다. 누구나 그가 안정적이고 탄탄한 미래를 얻었다고, 이미 성공했다고 생각했다.

하지만 로넌 타이넌은 끝없이 도전하는 사람이었다. 30세가 되었을 때, 그는 새로운 열정으로 또 다른 길을 개척하게 된다. 돌연 성악 공부를 시작해 2년 만에 아일랜드의 전설적 테너 존 매코맥의 뒤를 잇는 천재라는 찬사를 받기에 이른 것이다. 이후 발매된 그의 독집 앨범은 연일 판매기록을 경신했고, 영국의 로열 필하모닉 오케스트라와 함께 미국과 캐나다의 12개 도시를 순회하며 성황리에 공연을 마쳤다. 로널드 레이건 전 미 대통령의 80회 생일파티의 초청가수였으며, 줄리아니 전 뉴욕시장의 결혼식에서 축가를 부르기도 했다.

이처럼 로버트 로넌은 용기와 도전으로 점철된 삶을 살았다. 불굴의 의지 그 자체였다. 그는 단 한 순간도 좌절하지 않았고 희망을 내려놓지도 않았다. 안정적인 순간에도 새로운 도전을 꿈꾸었다. 도대체 로넌 타이넌의 열정은 어디에서 비롯된 것이었을까?

"살아가는 동안 어떤 어려움을 겪었건 그것은 별 문제가 되지 않습니다. 중요한 것은 어떻게 그 어려움을 이겨냈는가입니다."

로넌 타이넌은 "인생은 무한한 가능성의 예술"이라고 말한다. 그에게 고난은 삼켜지고 말 집채만 한 파도가 아니라, 반드시 타고 넘어야 할 파고에 불과했다.

힘들다고 해서 누굴 탓하고 원망할 필요 없습니다. "만약 그때 이런 일만 없었다면…" 하는 식의 패배주의나 피해의식에 사로잡힌 사람은 설사 일이 뜻대로 풀렸다고 해도 결코 성공할 수 없었을 겁니다. 로넌 타이넌은 자신에게 닥친 불운을 원망하지 않았습니다. 그리고 오로지 그것을 어떻게 극복할 것인가에만 집중하고 인생의 초점을 맞추었습니다. 무한한 열정으로 자신의 삶을 예술품처럼 아름답게 승화시켰지요.

고통은 성공을 위해 지불해야 하는 대가일 뿐입니다. 또 운만 좋으면 노력하지 않아도 성공할 수 있을 거라는 착각도 버려야 합니다. 쉽게 얻은 성공은 쉽게 잃습니다. '환경이 사람을 만든다' 는 수동적인 생각도 버리십시오. 여러분이 처한 현재 상황은 환경이 아니라 선택에 따른 당연한 결과일 뿐입니다. 출신 배경, 학교, 부모, 주변 환경이 나쁘다면 당장 벗어나기 위해 노력하십시오. 자기합리화는 비겁한 변명일 뿐입니다.

고난에 집중하는 사람은 고난을 이기지 못합니다. 고난 그 너머에 있는 꿈에 집중하는 사람만이 고난의 파도를 넘어 찬란한 빛의 바다에 다다를 수 있습니다.

Chapter **3**

폭풍 성장을 위한
액션 플랜 9S

나인 에스(9S)

법칙만 따라해도 절반은 성공

네트워크비즈니스에서 성공하기 위해서는 반드시 '동행'의 미덕을 실천해야 합니다. 조화롭게 협력하지 않으면 이 사업에서는 결단코 성공할 수 없기 때문입니다. 조직 내에 갈등이 있거나 관계가 깨지면 곧장 이익의 손실로 이어지는 게 바로 네트워크마케팅입니다.

사실 모든 형태의 비즈니스의 핵심은 바로 '사람'입니다. 특히 부의 창출은 인간관계가 승패를 좌우합니다. 사람을 잘 알고 가능한 한 많은 사람을 자기편으로 만들 수 있을 때 가장 큰 부자가 될 수 있는 것입니다.

성공한 사람들의 주변은 늘 사람으로 북적입니다. 비즈니스 미팅이나 회의 자리에서도 늘 자신감 넘치는 모습으로 사람들의 주목을 끕니다. 복도에서 자판기 커피를 한잔 마신다 해도 혼자 있는 법이 없습니다. 사람들은 그들을 선망의 시선으로 바라보고, 그들과 함께 있다는 것만으로도 가슴 벅차고 영광스럽게 여깁니다. 여기서 잠깐. 그들은 이미 성공했기 때문에, 사람들이 그들 주변으로 몰려드는 것일까요? 아니죠! 그들은 늘 자기 곁에 성공에 꼭 필요한 사람들을 모으고 훌륭한 리더의 역할을 수행했기 때문에 성공한 겁니다.

제아무리 운과 실력을 겸비한 사람이라 하더라도 혼자서는 정상에 오르지를 못합니다. 히말라야를 정복한 등반가 뒤에는 항상 뛰어난 세르파, 유능한 베이스캠프 요원들의 지원, 등정에 필요한 경비를 후원한 스폰서가 있기 마련입니다. 인생이라는 산도 마찬가지입니다. 정상에 오르고 싶다면 먼저 사람을 얻어야만 하는 것이지요.

성공자가 되고 싶다면 먼저 리더의 자질을 갖추어야 하는 것은 이 때문입니다. 좋은 리더가 아니면 성공할 수 없으며, 성공자 중에 훌륭한 리더 아닌 사람이 없습니다. 따르는 사람이 아무도 없는 리더는 존재 자체가 성립 불가능입니다. 사람들이 잘 따르는 사람이 좋은 리더이고, 좋은 리더가 곧 성공자인 것이지요.

그럼 어떻게 해야 사람을 얻을 수 있을까요? 어떻게 해야 상대를 내 사람으로 만들어 성공을 위한 조력자로 삼을 수 있을까요? 좋은 리더가 꼭 갖추어야 할 자질은 무엇일까요?

이번 장에서는 훌륭한 리더, 성공한 사람이 되기 위한 9가지 노하우를 정리하여 담았습니다. 십 수 년 간 현장에서 무수한 고객들과 비즈니스 파트너와 부딪치며 깨달은, 저만의 성공 법칙이라고 할 수 있습니다. 제가 정리한 이 법칙을 저는 "나인에스(9S)"라 부르고 있습니다. 모두 S로 시작하는 단어와 관련되어 있기 때문이죠. 나인에스만 잘 지켜도 여러분 모두 놀라운 성공의 주인공이 될 수 있으리라 믿습니다.

명심하십시오. 성공의 8할은 사람으로 채워집니다. 그럼 지금부터 사람 제대로 낚는 기술, 성공을 불러들이는 이기는 습관, 나인에스(9S)에 대한 설명을 이어가겠습니다.

Sun - 변함없는 열정으로 타올라라

지구에서 볼 수 있는 가장 밝은 천체는 바로 태양입니다. 한낮의 태양은 맨눈으로는 잠시도 바라볼 수 없을 만큼 빛이 강렬하지요. 태양이 없는 한밤중은 등불이 없으면 장님이나 진배없는 신세가 될 정도로 어두컴컴합니다. 달 역시 태양이 없다면 우리 눈에 전혀 보이지 않을 겁니다. 밤길을 비추어주는 달님 역시 태양 덕분에 빛날 수 있는 것이지요.

하지만 태양은 누구의 도움도 없이 스스로 빛나는 존재입니다. 자기 내부에서 끊임없이 수소 핵융합을 하며 어마어마한 에너지를 방출하지요. 우리가 태양으로부터 얻는 것은 삼라만상을 볼 수 있게 해주는 빛뿐만이 아닙니다. 태양은 꾸준히 7,000도의 온도로 열을 내는 존재이기도 하지요. 태양열은 우리가 사는 지구를 따뜻하게 데워주고 대기의 흐름을 발생시켜 다양한 날씨와 계절을 즐길 수 있게 해줍니다. 만약 태양의 열이 10도만 더 높아져도 지구전체가 사막으로 변할 겁니다. 10도가 떨어진다면 온 세상이 얼음으로 뒤덮이겠지요. 태양이 일정하게 뜨겁지 않다면 지구는 어떤 생명체도 살 수 없는 황무지가 되고 마는 것입니다.

태양처럼 우리도 스스로 빛나는 존재가 되어야 합니다. 태풍의 핵처럼 흔들리지 않아야 합니다. 또 태양처럼 늘 뜨거워야 합니다. 어찌 보면 자신의 내부에 자가동력 발전기를 설치해 놓고 끊임없이 열정 에너지를 고갈되지 않게 유지하는 것이 성공자가 가야 할 일이라 생각됩니다.

오늘은 열정이 뜨거웠는데 내일은 열정이 식는다면, 아무도 그 사람을 따르지 않을 겁니다. 확고한 비전을 가지고 목표를 향해 흔들림 없이 나아가는 사람은 자연스럽게 존경심을 얻습니다. 열정은 사람을 얻습니다. 태양처럼 빛나는 존재, 태양처럼 타오르는 존재가 되십시오. 오늘 당장 여러분 마음속에 활활 불타오르는 태양을 품으십시오.

가슴으로 느껴라

태양을 바라보고 살아라.
그대의 그림자를 못 보리라.

고개를 숙이지 말라.
머리를 언제나 높이 두라.

세상을 똑바로 성인으로 바라보라.
나는 눈과 귀와 혀를 빼앗겼지만
내 영혼을 잃지 않았기에
그 모든 것을 가진 것이나 마찬가지이다.

고통의 뒷맛이 없으면
진정한 쾌락은 거의 없다.
불구자라 할지라도 노력하면 된다.
아름다움은
내부의 생명으로부터 나오는 빛이다.

그대가 정말 불행할 때
세상에서 그대가 해야 할 일이
있다는 것을 믿어라.

그대가 다른 사람의 고통을
덜어줄 수 있는 한 삶은 헛되지 않으리라.

세상에서 가장 아름답고 소중한 것은
보이거나 만져지지 않는다.
단지 가슴으로만 느낄 수 있다.

- 헬렌 켈러

비전공유

우리나라 사람들은 목표와 비전을 마음에 품게 되어도 그 일이 웬
만큼 윤곽을 드러낼 만큼 진행이 되거나 목표를 이루기 위한 실력을
어느 정도 갖추게 되기 전까지는 주변 사람에게 잘 드러내지 않는 경
향이 있습니다. 그것을 겸손한 미덕으로 생각하기 때문이지요. 하지

만 우리보다 개방적인 문화와 경제력을 가지고 있는 서구인들은 어떤 일을 시작하기도 전에 미리 주변에 알리고 널리 소문을 냅니다.

가까운 누군가가 여러분에게 자신의 꿈이라든가 목표에 대해 말해준다면 여러분은 뭐라고 해주시겠습니까? 우선 잘해보라고, 넌 할 수 있을 거라고, 멋지다고, 도움이 필요하다면 언제든 얘기하라고 대답해 주겠지요? 실제 마음속으로는 무슨 생각을 하건 상관없이 말입니다. 그렇습니다, 비전을 공유하면 이처럼 지지와 격려를 받습니다. 지지와 격려를 받은 사람의 비전 실행력은 아무에게도 말하지 않고 혼자서만 묵묵히 일을 꾸미는 사람보다 월등하게 나아질 수밖에 없습니다.

특히나 리더는 뚜렷한 비전을 가지고 있어야 하며 계속해서 비전을 제시해야 합니다. 만약 리더가 뚜렷한 비전을 제시하지 못한다면 그것은 잘못된 조직이거나 조직으로서의 기능을 곧 상실할 것임을 의미합니다.

저는 비전이 있는 리더와도 비전이 없는 리더와도 일을 해보았습니다. 황당하기 짝이 없거나 무책임한 비전을 나열하다가 일이 뜻대로 안 풀리면 아무런 책임감 없이 자리를 떠나버리는 사람도 보았습니다. 아무런 비전도 없고 비전 자체를 제대로 이해하지 못하는 리더와 일한다는 것만큼 큰 어려움과 고통은 없습니다.

리더는 자신의 비전을 공유하며 비전에 걸맞은 책임을 질 줄 아는 사람이어야 합니다. 아주 당연하고 상식적인 이야기인 것 같지만 현실에서 찾아보기 쉽지 않은 일들입니다.

여러분의 역할이 리더라면, 혹은 좋은 리더가 되고 싶다면, 지금 당장 당신의 비전을 공유하십시오. 마치 태양이 두루두루 빛을 비추듯 당신의 열정과 꿈을 사람들에게 전달하고 그 열정이 전염되게 하십시오. 조직을 제대로 이끌기 위해서는 수직적인 자세에서 벗어나 함께 나아갈 줄 알아야 합니다.

이것이 당신과 함께하는 사람들과 함께 아름다운 열매를 맺는 가장 중요한 성공의 키입니다.

동기부여 달인이 되기

비전을 공유하는 것의 가장 큰 효과이자 이점 중의 하나가 바로 함께 일하는 사람들은 물론 자기 자신에게도 강력한 동기부여를 쉼 없이 실행할 수 있다는 것입니다.

강아지를 훈련시킬 때 어떻게 합니까? 시키는 대로 행동을 할 경우 칭찬과 함께 맛있는 간식으로 보상을 줌으로써 행동을 교정합니다.

강아지는 주인의 손에 쥐어진 먹이를 얻기 위해 주인이 원하는 행동을 하는 것입니다. 강아지에게는 주인이 가지고 있는 먹이가 바로 동기인 셈입니다.

그런데 간혹 맛있는 간식이라는 보상 대신 '실수했을 경우 엄격한 야단과 매질'로 강아지를 훈련시키는 경우도 있습니다. 잘했을 때 먹이를 주며 칭찬하는 것이 아니라, 잘못했을 경우 무섭게 야단을 침으로써 강아지의 행동을 교정하려고 하는 것입니다. 하지만 이런 훈련으로는 좋은 결과를 얻기가 매우 힘듭니다. 요행히 훈련 방법이 통했다 하더라도 강아지의 성격은 파탄 나기 마련입니다. 야단맞는 게 무섭고 싫어서 주인의 눈치만 보느라 지나치게 소심해지거나 오히려 아무데나 배변을 해버리는 통제 불능에 빠지게 되는 것이죠.

사람도 마찬가지입니다. "요즘 실적이 왜 이 모양인가요? 다른 분들의 사기도 있으니 분발 좀 해주세요!" 하고 으름장을 놓는 것과 "요즘 실적 때문에 마음고생이 심하지요? 조금만 더 힘을 내봅시다. 저도 최선을 다해 돕겠습니다." 하고 말하는 것, 어느 쪽이 더 강력하게 동기를 유발해 긍정적인 효과를 거둘 수 있겠습니까?

자녀를 열심히 공부하게 하고 올바른 학교생활을 영위하며 올곧게 자라게 하는 것이 부모의 능력이라면, 회사의 동료들과 부하직원들이 사명감을 가지고 성실하고 열정적으로 일하게 만드는 것은 다름 아닌 리더의 능력인 것입니다.

리더의 능력은 조직원들이 지치지 않는 열정 속에서 일하게 하는 것, 즉 동기유발의 영역에서 드러나기 마련입니다.

사람들에게 어떤 지시를 내릴 때는 반드시 부정적인 것을 먼저 이야기하고 나서 원하는 바를 말하는 것이 긍정적인 동기를 부여하는 좋은 방법입니다.

(A) "오늘 저녁은 회식이니 마음껏 즐기도록 하세요. 그러나 회사의 이미지가 실추되는 일은 없도록 주의해 주시고요."

(B) "회사의 이미지가 실추되는 일은 없도록 주의하세요. 그러나 오늘은 회식이니까 마음껏 즐기도록 하세요."

똑같은 내용이지만 듣는 사람에게는 다른 느낌으로 전달됩니다. 아마 A보다는 B가 훨씬 긍정적으로 들릴 거예요. 우리의 뇌는 뒤에 오는 말을 더 중요하게 취급하는 경향이 있기 때문입니다.

항상 부정적인 이야기를 먼저, 긍정적인 이야기를 나중에 하는 습관을 들입시다. 원하지 않는 것을 먼저 이야기하고, 원하는 것을 나중에 이야기하십시오. 이것이 사람들을 움직이는 현명한 방법입니다.

모아북스는 경제, 경영, 자기계발,
동기부여, 에세이, 자서전,
건강도서, 비즈니스 가이드 출판을
목적으로 많지는 않지만
꾸준히 책을 출간해 오고 있습니다.
독자들에게 발빠른 정보를
전달하고자 분명한 뜻이 담겨있는
책과 일관된 정신이 깃든 책을 내고자하는
출판정신을 고수하는
전문가로 구성되어 있습니다.
모아북스의 책은 쉽고 재미있게 구성
되어 있으며 누구나가 이해하기 쉬운
언어로 표현되었습니다.
또한 감각적인 디자인과 편집으로 엮어져
있습니다.
시대와 함께 자기 변화를 위해 꿈을 꾸는
많은 독자의 기대에 어긋남이 없도록
유익한 정보전달 파수꾼으로
최선을 다 하겠습니다.

ㅣ 살·아·있·는·지·식·과·건·강·정·보·가·숨·쉬·는·곳

모아북스
MOABOOKS ㅣ

경기도 고양시 일산동구 호수로 358-25번지(백석동, 동문타워2차 519호)

대표전화 : 0505-627-9784   www.moabooks.com
원고 보낼 곳 : moabooks@hanmail.net

전국은 '행복나눔125운동' 배우기 열풍!
내일을 꿈꿀 수 있게 하는 희망 솔루션

위기를 '절대 희망'으로 바꾼 행복나눔125

이명진 지음 / 276쪽
값 14,000원

살아가면서 한번은 당신에 대해 물어라

이철휘 지음 / 256쪽
값 14,000원

인생에 대한 가장 현실적이고 명쾌한 사색론

밥이 고맙다

이종완 지음 / 292쪽
값 15,000원

남편만 믿고 살기엔 여자의 인생은 짧다

허순이 지음 / 256쪽
값 13,000원

현대 의학을 넘어 각종 질병 예방과 함께
● 약없이 건강해지는 법을 담은 건강 가이드 북

정윤상 외 지음 / 전 25권 세트 / 값 75,000원

건강 적신호를 청신호로 바꾸는 건강 가이드 내 몸을 살린다 세트로 건강한 몸을 만드세요

① 누구나 쉽게 접할 수 있게 내용을 담았습니다.
일상 속의 작은 습관들과 평상시의 노력만으로도 건강한 상태를 유지할 수 있도록 새로운 건강 지표를 제시합니다.

② 한 권씩 읽을 때마다 건강 주치의가 됩니다.
오랜 시간 검증된 다양한 치료법, 과학적·의학적 수치를 통해 현대인이라면 누구나 쉽게 적용할 수 있도록 구성되어 건강관리에 도움을 줍니다.

③ 요즘 외국의 건강도서들이 주류를 이루고 있습니다.
가정의학부터 영양학, 대체의학까지 다양한 분야의 국내 전문가들이 집필하여, 우리의 인체 환경에 맞는 건강법을 제시합니다

●행복하게 성공하는 이들의 필독서

4,300원의 자신감
이혜숙 지음 / 250쪽 / 값 13,000원

김종규 박사의
아바타 수입
김정규 지음 / 224쪽 / 값 12,500원

드림빌더
김종규 지음 / 278쪽 / 13,000원

네트워크마케팅 시스템을 알면 성공한다
석세스기획연구회 지음 / 234쪽 / 값 10,000원

삶을 역전시키는 창의성유머
김종석 지음 / 264쪽 / 값 12,000원

거시기 머시기 유머
오경택 지음 / 268쪽 / 값 12,000원

CEO들에게 가장 인기 있는 개그 강좌 스타 김종석 박사의 유머 매뉴얼

●책 읽는 즐거움이 쑥쑥! 독서 힐링

놓치기 아까운 젊은날의 책들

최보기 지음 / 248쪽
값 13,000원

다이애나 홍의 독서향기

다이애나 홍 지음 / 248쪽
값 12,000원

한국출판문화진흥원 청소년권장도서 선정

책속의 향기가 운명을 바꾼다

다이애나 홍 지음 / 257쪽
값 12,000원

다섯친구

다이애나 홍 지음 / 264쪽
값 13,000원

독서디자이너 다이애나 홍의 감성 치유 에세이 | 열정 랩소디

 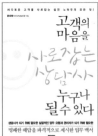

웰레스트

이내화 지음/ 276쪽 / 값 13,000원

고객의 마음을 사로잡는 상담사 누구나 될 수 있다

윤서영 지음 / 224쪽 / 값 12,500원

끊임없이 경쟁하는 세상에서 후회없이 살아가는 멘토링 북

독서는 가장 훌륭한 에너지원

태양은 스스로의 힘으로 엄청난 에너지를 만들어내지만, 우리는 밥을 먹지 않으면 힘을 낼 수 없습니다. 언제나 열정을 불태우고 싶다면 밥심에만 의지해서는 안 됩니다. 열정이라는 이름의 전차가 멈추지 않고 달리게 하기 위해서, 우리가 꼭 해야 할 것이 있는데 바로 독서입니다. 흔히들 책이 마음의 양식이라고 하지요? 사회적으로 명망 있는 성공한 사람 중에 책을 읽지 않는 인물은 없습니다.

"사람은 평생 자기가 읽은 책장 숫자만큼의 사람을 거느릴 수 있다. 위대한 나라의 위대한 왕(리더)이 되려면 그만큼 많은 책을 읽어야 한다."

독서의 중요성을 강조한 옛 아랍 지역의 속담입니다. 조직을 이끄는 리더가 되려면 그만큼 많은 사람을 이끌고, 이해하고, 설득시킬 수 있는 혜안과 철학, 관용이 필요하고 이를 위해서는 독서만 한 게 없다는 의미이죠.

극소수만 탈 수 있다는 VVIP 전용기라는 게 있습니다. 보통 13인승 규모의 비행기인데 한 대를 통째로 빌려 타는 비용이 시간당 무려 500만 원이라고 해요. 비행기 안에 침실은 물론 회의실과 집무실이 있고 기내식도 유명 호텔 요리사가 직접 준비해준다고 합니다. 재벌 총수나 빅스타가 아니면 타기 힘든 최고급 비행기인 것이지요. 이 VVIP 전용기에서 오랫동안 일한 승무원이 어느 날 방송에 나와 밝힌 바에 따르면, 비행기 안에서 본 재벌 총수들의 모습 중 가장 인상적이었던 것이 바로 독서하는 모습이었다고 합니다. 편안히 침실에 누워 목적지에 가도 좋을 텐데 시간이 났다 하면 쉬기는커녕 각종 경제경영서와 역사서를 마치 고3 수험생처럼 읽는 모습에 신선한 충격을 받았다는 것입니다.

자신은 꼭 성공하고야 말 거라고 입버릇처럼 말하면서도 한 달에 책 한 권도 읽지 않는 분들이 많습니다. 본인은 경험도 많고 아는 것도 이미 많기에 더 이상 책을 읽을 필요가 없다며 당당한 분들도 더러 봤습니다. 이런 분들은 성공의 최정상에 올라 있는 사람도 잠을 아껴가며 쉬지 않고 독서를 한다는 것을 뇌리에 깊이 새겨야 할 것입니다.

저 역시 자타공인 독서광입니다. 글로벌시대의 무한 경쟁의 세계에서 살아남기 위한 지혜와 철학, 통찰력, 휴식을 얻는 데는 지독한 독서만 한 게 없다고 믿기 때문입니다. 아침 5시 반에 눈을 뜨자마자 책을 집어 들고, 화장실에 갈 때도 책을 들고 들어갑니다. 인풋이 있어야 아웃풋이 있지요. 독서는 가장 화력이 좋은 영혼의 땔감이며, 쉼 없이 열정을 불태울 수 있는 원동력입니다. 반드시 습관화해 몸에 붙여 놓으면 죽을 때까지 굶을 일은 없을 거라고 감히 확신합니다.

달과의 아름다운 동행

태양은 저 혼자 불타오르고 빛을 발산할 뿐만 아니라 주변의 별들을 끌어당기는 힘도 가지고 있습니다. 우리가 살고 있는 지구를 포함해 수성, 화성, 금성, 목성, 토성, 명왕성, 천왕성 등등을 거느리고 있지요. 태양이 없다면 지구는 물론 우리 천체의 별들은 모조리 우주의 암흑 속으로 흩어지고 부서져 떠돌아다니는 암석 덩어리에 불과한 존재가 되어버릴 것입니다.

달은 어떻습니까? 별이 반짝이는 한밤의 하늘을 푸르게 밝혀주는 달님의 아름다운 빛은 순전히 태양의 빛을 반사하고 있는 것에 지나지 않습니다. 태양이 없다면 고래로부터 수많은 시인과 예술가들이 찬탄해 마지않은 달빛은 존재할 수조차 없는 것입니다.

리더는 태양과 같은 존재가 되어야 합니다. 다양한 행성들이 각자의 궤도를 지키며 안정적이고 아름답게 우주를 운행하게 하는 것처럼, 사람들이 서로 화합하고 협력하며 여러분을 중심으로 조화롭게 돌 수 있도록 해야 합니다. 달이 태양으로 인해 빛나듯 여러분의 성공 체험과 기쁨을 나누어 함께 즐거워할 수 있도록 해야 합니다.

또한 태양은 밤에는 달에게 잠시 자리를 내어주지만 그 순간에도 쉼 없이 불타오르고 있습니다. 그리고 아침이 되면 변함없이 동쪽에서 떠오릅니다.

태양 같은 존재, 흔들림 없이 우뚝 서 있는 존재, 항상 중심을 지키는 존재가 된다면 많은 사람들의 존경심, 경외심을 저절로 얻게 됩니다. 태양처럼 변함없는 열정으로 타오르는 당신이야말로 아직 이루어지지 않은 꿈을 현실로 만들어가는 존재이며 우리는 그런 열의를 가진 사람을 리더라 부릅니다.

공자는 리더가 갖춰야 할 자질에 대해 잘 아는 큰 스승이었습니다. 그가 말하는 리더의 다섯 가지 미덕과 네 가지 악덕에 대해 알아봅시다.

어느 날 자장이라는 이름의 제자가 공자에게 어떻게 해야 좋은 리더가 될 수 있는지 물었다. 공자가 자장을 가까이 불러 말했다.

"지금부터 내가 말하는 다섯 가지 미덕을 진심으로 실천하고, 네 가지 악덕을 멀리한다면 좋은 지도자가 될 수 있다. 할 수 있겠느냐?"

"최선을 다해 가르침을 받아 평생토록 간직하겠나이다."

"다섯 가지 미덕은 이렇다.

첫째, 사람들에게 은혜를 베풀되 낭비함이 없어야 한다.

둘째, 사람들에게 일을 시키면서 원망을 사는 일이 없어야 한다.

셋째, 마땅히 목표 실현을 추구하되 개인적인 탐욕을 부려서는 안 된다.

넷째, 어떤 상황에서도 태연함을 잃지 않되 교만하면 안 된다.

다섯째, 위엄 있되 사납지 않아야 한다."

자장의 표정이 심각해졌다.

"선생님. 참으로 쉬운 일이란 없는 것 같습니다. 하나씩 풀어서 설명해 주십시오. 은혜를 베풀되 낭비함이 없어야 한다는 것은 무슨 뜻입니까?"

"생각해보아라. 먼저 사람들이 진실로 원하는 것이 무엇인지 잘 파악해 그것을 이루도록 하는 데 힘을 집중하면 낭비가 없는 것이 아니겠느냐? 은혜를 베풂에 있어 사람들이 은혜의 참뜻을 모른다면, 그것은 그 사람의 잘못이 아니라 지도자가 은혜를 베푸는 방법을 잘 모르기 때문이다."

"일을 시키면서 원망을 사지 않기란 쉽지 않습니다. 어찌해야 합니까?"

"꼭 필요한 일을 필요한 시기에 하도록 지시하고 일을 배치하면 누가 그것을 원망하겠느냐?"

"목표 달성을 독려하는 것이 자기 욕망을 위해 다른 사람들을 동원하는 것처럼 비치지는 않겠습니까?"

"누가 보더라도 리더로서 해야 할 마땅한 목표를 제시하고 그것을 합당한 방법으로 추구해 실현한다면 그것이 어찌 개인적인 탐욕으로 폄하되겠느냐?"

"어떻게 해야 태연하면서도 교만하지 않은 것입니까?"

"중대하다 해서 신중하고, 사소하다 해서 자만하는 모습이어선 안 된다. 군자는 보는 사람이 많든 적든, 맡은 일이 크든 작든 한결같이 성실해야 한다. 이것을 태연하면서도 교만스럽지 않다고 하는 것이다."

"위엄이 넘치면서도 사납지 않으려면 어찌해야 합니까?"

"군자는 늘 용모를 단정히 하고, 표정은 밝은 가운데 진지함을 잃지 않아야 한다. 사람들은 지도자의 당당하고 의연함을 보고 스스로 조심하는 것이다. 이것이 바로 위엄이 넘치면서도 사납지 않은 모습이 아니겠느냐?"

자장은 다시 공자에게 물었다.

"선생님, 감사합니다. 그러면 지도자가 물리쳐야 할 네 가지 악덕에 대해 말씀해주십시오."

"잘 들어라. 군자가 남을 부리고 이끄는 위치에 있을 때 해서는 안 될 행동은 다음과 같으니라.

첫째, 일을 제대로 가르쳐주지 않은 채 엄벌하는 것이다. 이를 리더의 잔학(虐)이라 한다. 오만하고 관용이 부족해 아랫사람을 잔인하게 다루는 자이다.

둘째, 일을 실행함에 있어 경계할 점을 미리 일러주지 않고 성공만 요구하는 것이다. 이를 리더의 횡포(暴)라 한다. 일의 핵심은 전수해주지 않으면서 잘못한 책임을 아랫사람에게 돌리는 부류이다.

셋째, 지시는 늦게 하고 일의 달성은 사납게 독촉하는 것이다. 이것을 리더의 도둑질(賊)이라 한다. 일이 안 되면 책임을 뒤집어씌우고, 다행히 결과가 좋으면 자기의 공으로 삼으니 도적이나 다름없다.

넷째, 마땅히 주어야 할 것을 놓고 온갖 생색을 내며 주는 것이다. 이런 자는 리더가 아니라 창고지기에 불과하다. 마치 자신이 포상을 사적으로 베푸는 것인 양 인색하게 굴고, 줄 때에도 줄 듯 말 듯 하면서 아랫사람의 마음을 시험하며 공(公)으로 사(私)를 확인하려 드는 자이니, 그 그릇의 크기가 소소한 소모품 창고열쇠를 흔들며 으스대는 자의 크기에 지나지 않는다."

Smile - 웃음이 최고의 명약

　제가 인간이 동물과 생리학적으로 다른 점 두 가지를 찾아내는 데 20년이 걸린 듯해요. 그중 하나는 얼굴에 웃음근육 50여 개를 더 갖고 있다는 것이고 두 번째는 겨드랑이 밑에 간지럼 세포를 달아났다는 것이며 특이하게 남이 나를 간지를 때는 웃음이 나오지만 내가 나 자신을 간질이면 전혀 웃음이 나오지 않는다는 것이 아이러니였지요. 지금 독자 여러분도 실험해 보시길. 자신의 겨드랑이 밑을 간질이며 웃어보려 해보십시오. 뭔가 어색하죠? 신이 인간을 창조할 때 많이 웃으라고 동물보다 더 많은 웃음근육을 만들어주고, 타인의 옆구리를 쿡쿡 찌르면서 관심을 주며 살라는 무언의 신호를 보낸 것을 우리는 잊고 살아선 안 될 것 같아요.

"비누가 몸을 깨끗하게 해주는 것처럼 웃음은 영혼을 씻어준다"는 말이 있습니다. 이미 과학적으로 웃음이 지닌 효능이 무수히 연구되었으며 기적에 가까운 웃음의 놀라운 효과들이 널리 알려져 있죠. 웃음은 면역력을 강화시키고 통증을 완화시키며 높은 혈압은 내려주고 낮은 혈압은 높여줍니다. 하루에 15초씩 매일 웃으면 수명이 이틀 연장되고, 45분씩 웃으면 10년을 더 살 수 있다고 하니 그야말로 웃음은 만병통치약이네요.

웃음은 우리의 건강에 도움이 될 뿐만 아니라 상대방에게 좋은 인상을 심어주는 가장 좋은 무기이기도 합니다. 제아무리 값비싼 옷과 액세서리로 몸을 치장했다 하더라도 무표정하거나 화가 난 듯한 얼굴로는 호감을 사기가 힘들지요. 반대로 행색은 초라하더라도 밝고 환한 웃음이 얼굴에 가득하다면 누구나 그 사람에 대한 호감을 느낄 것입니다. 또한 미소는 상대를 무장 해제 시키면서 내가 긍정적이며 맑은 영혼의 소유자라는 것을 느끼게 하는 신비로운 힘을 갖고 있습니다. 오늘의 내 하루 동안 얼마나 웃고 살았나를 저울로 달 수 있는 종량제를 국가적으로 시행해야 합니다. 그 용량만 큼 웃지 않고는 퇴근 할 수 없는 제도를 만든다면 사회가 더 없이 밝고 범죄 없는 세상이 되리라고 믿으며 현재 가정의 이혼율도 OECD 국가 중 최하위가 될 겁니다.

웃음의 힘

"이것은 한순간에 끝나지만, 이것에 대한 기억은 평생 지속될 수 있습니다. 이것의 가치는 어마어마하게 크지만, 너무 가난해서 이것을 다른 사람들에게 나누어 줄 수 없거나 너무 부유해서 이것을 필요로 하지 않는 사람은 없습니다. 이것은 무엇입니까?"

여러분, 정답을 아시겠습니까? '이것' 은 바로 미소, 웃음입니다.

미소를 짓기 위해서는 얼굴 근육 48개가 움직여야 합니다. 인간은 웃을 수 있는 유일한 영장류로 알려져 있죠. 간지럼을 타는 것, 의도적으로 웃음을 터트릴 수 있는 것도 인간이 유일합니다.

자발적인 미소는 어른과 아기 할 것 없이 사람의 기분을 좋아지게 합니다. 그런 미소는 심지어 우리의 신체 건강에도 긍정적인 영향을 미친다고 합니다. 언어 치료사인 미르타 마노와 루벤 델라우로의 말에 따르면, 단지 미소를 짓는 것만으로도 뇌하수체에 영향을 주는 전기적 자극이 생긴다고 합니다. 그에 대한 반응으로 엔도르핀 즉 우리의 기분을 좋게 만드는 화학 물질이 뇌에서 분비되는 것입니다.

미소를 지어야 하는 또 다른 중요한 이유는 미소가 다른 사람들에게 미치는 긍정적인 효과 때문입니다. 진실된 미소는 인사를 할 때든 동정심을 표현할 때든 격려를 보낼 때든 말없이 우리의 가장 내밀한 감정을 전달합니다. 웃음에는 전염력도 있어서, 남이 즐겁게 웃는 소리만 들어도 우리도 모르게 빙그레 웃게 됩니다. 때로는 사진에 담긴 어린이의 귀여운 미소를 바라보기만 해도 우리의 입가에 미소가 번집니다.

제가 처음 외국으로 나갔을 때 가장 놀랐던 것이, 대부분의 사람들이 낯선 사람일지라도 눈이 마주치면 일단 미소를 지어 보인다는 사실이었습니다. 웃음이 후한 나라에 있는 동안에는 저 또한 하루가 더욱 활력으로 넘치고 마음의 구김살이 쫙쫙 펴지는 기분이 들어 힘이 났습니다. 그러다 한국으로 돌아오고 나니 왜 그렇게 표정이 어두운 사람들이 많은지요. 어쩌다 눈이 마주친 사람에게 환한 미소라도 지어 보이면 썰렁한 반응에 당황하기 일쑤입니다. 길에서 낯선 사람에게 함부로 웃었다가는 따귀를 맞을지도 모르겠다는 생각이 들 정도였습니다. 우리 사회의 각박함, 험악함을 여실하게 느낄 수 있었던 비교 체험이었지요.

웃음은 답답한 마음, 증오, 미움, 질투, 시기와 같은 부정적인 마음을 정화시키고 스트레스를 없애주는 치료제입니다. 스트레스를 받을수록 더 웃어야 하는 이유입니다.

웃음은 최고의 의사이자 사람을 얻기 위한 가장 강력한 무기입니다. 매일 웃으십시오. 관상이 바뀝니다. 몸의 치유력이 좋아집니다.

웃으면 마음이 맑아지고, 웃으면 행운이 찾아오며, 웃으면 좋은 일이 생깁니다. 건강과 사람을 얻는 왕도, 바로 웃음입니다.

웃음의 효과

1. 웃음은 스트레스를 진정시키고 혈압을 떨어뜨리고 혈액순환을 좋게 한다	
2. 웃음은 암도 물리친다	웃음은 병균을 막는 항체인 '인터페론 감마'를 분비시켜 병원체에 대한 저항력을 키워준다 이는 사람이 웃을 때 통증을 완화시켜주는 '엔도르핀'이라는 호르몬이 분비되기 때문이다. 18년간 웃음을 연구해온 미국의 리버트 박사는 웃음을 터뜨리는 사람에게서 피를 뽑아 분석해보면 종양세포를 공격하는 '킬러세포'가 많이 생성되어 있음을 알 수 있다고 밝혔다. 웃음이 인체의 면역력을 높여 감기와 같은 감염질환 뿐아니라 암과 성인병을 예방해 준다는 것이다.
3. 한번 웃음은 에어로빅 5분 효과	웃음요법 치료사들은 사람이 한 번 웃을 때 운동효과는 에어로빅 5분의 운동량과 같다고 주장한다. 미국 스탠포드대 윌리엄 프라이 박사는 사람이 한바탕 크게 웃을 때 몸 속의 650개 근육 중 231개 근육이 움직여 많은 에너지를 소모한다고 설명한다. 크게 웃으면 신체는 물론 위장 가슴, 근육, 심장까지 움직이게 만들어 상당한 운동효과가 있다는 분석이다. 따라서 웃을 때는 배꼽을 잡고 크게 웃는 것이 좋다.
4. 웃음은 아이들의 창의적 두뇌 발달에도 좋다.	

출처 스탠지교육연구소 임미화

집을 나서기 전 걱정근심은 세탁기에 넣어라

성공하기를 원한다면 출근하기 위해 현관문을 나서는 순간부터 웃음을 장착해야 합니다. 구두를 신듯 미소를 입으십시오. 군인이 전쟁터에 나가기 위해 총이 꼭 필요한 것처럼, 무한경쟁 사회라는 정글에 진입하기 위해서는 웃음이라는 무기를 반드시 소지해야 합니다.

웃음 앞에서는 누구나 무장 해제되기 때문입니다. 웃는 얼굴에 침 뱉지 못하고, 웃는 사람한테 욕을 하지는 못하는 법이지요.

그러기 위해서는 걱정과 근심을 따로 떼어놓을 필요가 있습니다. 복잡한 가정사, 개인적인 고민은 집안에 두고 나오십시오. 고객이나 동료와 비즈니스 미팅을 하면서 내심 마음에 품고 있는 고민을 내려놓지 못하면 결국 얼굴 표정에서 다 드러나게 되어 있습니다. 불만과 화, 짜증은 절대로 일터로 가지고 오면 안 됩니다. 고민을 싸들고 다녀봤자 실질적인 문제 해결에 전혀 도움이 되지 않을뿐더러 잘될 일도 망쳐버리기 일쑤이기 때문입니다.

비즈니스에 도움이 되지 않는 고민과 불만으로부터 스스로를 격리시키세요. 집안 문제로 인한 고민은 집에 돌아간 순간부터 해도 늦지 않습니다.

많은 사람들이 걱정하고 근심하는 데 에너지의 많은 부분을 쏟아 붓습니다. 하지만 걱정은 일종의 정신적 습관일 뿐이라는 것을 명심하십시오. 걱정하는 버릇은 후천적으로 얻게 된 것이지 선천적으로 가지고 태어난 것은 아닙니다. 세상의 쓴맛을 보지 않은 어린아이를 보십시오. 걱정 근심이 전혀 없습니다.

걱정과 근심으로 인한 스트레스를 병의 가장 큰 원인으로 지적하는 의사들이 정리한 환자들의 병력 연구에 의하면, 걱정거리 중 40%

는 지난 일에 관한 것이며 50%는 미래에 관한 것이고, 단 10%만이 현재의 일에 관한 것이라고 합니다. 즉 10%의 걱정을 뺀 나머지 90%는 걱정해 봤자 아무런 소용이 없는 쓸데없는 짓이라는 얘기입니다. 과거의 잘못이나 실수로 인해 마음이 괴롭다면, 차라리 철저하게 잊어버리는 것이 더 건강에 좋습니다.

미래에 대한 불안감으로 걱정이 된다면 여러분이 지닌 꿈이 이루어질 것이라는 확고한 신념을 가지십시오. 어쩔 수 없이 스트레스를 받고 있는 상태라면 "나는 어떠한 경우에도 침착함과 평화로움을 잃지 않겠다"고 스스로에게 자신 있게 말해줍시다. 오리의 깃털에서 물방울이 굴러 떨어지는 것과 같이 걱정은 침착한 마음의 표면에서 굴러 떨어져 버립니다.

마음을 텅 비울 수 있는 간단한 방법을 알려드리겠습니다.

"나는 지금 온갖 걱정거리, 두려움, 스트레스를 내 마음의 방에서 싹 쓸어 내고 있다"고 소리 내어 말하면서 실제로 여러분의 마음속을 커다란 빗자루로 깨끗이 쓸어내는 상상을 하십시오. 마음속에 손을 집어넣어 모든 걱정거리를 하나씩 끄집어내어 시원하게 던져 버리는 자신의 모습을 상상해 보십시오. 여러분을 괴롭히는 근심과 걱정을 세탁기에 몽땅 집어놓고 깨끗하게 세탁하는 상상을 하십시오.

상상만으로도 마음이 한결 개운해지고 가벼워지는 것이 느껴지지 않습니까? 마음의 힘이라는 게 이렇게 놀랍습니다.

여러분, 부자가 되고 싶다면, 성공하고 싶다면 세포까지 바꾸라고 1부에서 이미 말씀드렸습니다. 걱정하는 버릇 또한 얼마든지 없앨 수 있는 나쁜 버릇에 불과합니다. 열정만 있다면 오랫동안 습관으로 굳어진 태도도 얼마든지 바꿀 수 있습니다.

거울은 가장 좋은 연습 파트너

사실 잘 웃는 것에도 훈련과 노력이 필요합니다. "저도 항상 웃는 사람이 되고 싶은데 잘 안 돼요. 남들 앞에서 미소를 지어 보이는 게 어색하기만 합니다." 이렇게 고민을 토로하는 분들이 의외로 많습니다. 먹고살기 어려운 대한민국에서 사실 웃으며 살 일이 뭐 얼마나 많이 있겠나요. 자연스러운 미소를 짓는 것에 어려움을 느끼는 분이 참 많습니다. 그래서 웃음 훈련이 필요한 것입니다.

이때 가장 좋은 것이 바로 거울을 대상으로 연습하는 것입니다. 혼자 살아도, 가족이 없어도 누구나 이용할 수 있는 방법입니다. 아무도 보는 사람이 없으니 마음껏 이런저런 표정을 지으며 자신의 표정을 확인할 수 있지요.

거울은 절대 먼저 웃지 않습니다. 내가 웃어야 거울 속의 얼굴도 따라서 미소 짓습니다. 다시 말해 거울은 내가 웃으면 무조건 함께 웃어주는 반응을 보이는 존재이기도 합니다.

거울을 보며 먼저 스스로를 칭찬하며 웃어보세요. 처음엔 어색하고 쑥스럽더라도 곧 자연스럽게 웃을 수 있게 될 겁니다. 의외로 즐거운 훈련이라는 것에도 놀라시게 될 거고요.

다양하게 웃어 봅시다. 살짝 코를 찡그리면서도 웃어보고 눈웃음도 쳐보고 이를 시원하게 드러내며 웃어도 봅시다. 그중 가장 자연스럽고 얼굴의 매력이 잘 드러난다고 생각하는 얼굴을 기억해두고 반복해서 연습합니다. 어린아이처럼 웃으십시오. 웃으면 관상이 바뀝니다. 성공의 얼굴로 변합니다. 다만 근육의 훈련만으로는 표정이 자연스럽게 밝아지지 않습니다. 표정을 정말 밝게 바꾸고 싶다면 여러분의 생각과 생활 전체를 긍정적으로 바꿔야 합니다. 기분 좋은 생각을 많이 하고 농담을 즐기고 마음의 여유를 갖도록 합시다. 꾸준히만 하면 어느 날 갑자기 인기남, 인기녀가 되어 있을 것입니다.

웃지 않은 하루는 실패한 하루입니다. 웃을 일이 단 한 차례도 없는 하루라니, 이 얼마나 암울한 삶입니까? 그래서 오늘도 전 이렇게 외칩니다.

"하루라도 웃지 않으면 입 안에 가시가 돋친다!"

10초 동안 웃는 것이 5시간 운동하는 것보다 낫다? 그렇다. 실제로 10
초 동안 웃을 때의 운동량은 3분 동안 힘차게 노 젓기를 한 운동량과
맞먹는다고 한다. 웃음은 15개의 안면 근육을 동시에 수축하게 하고
몸속에 있는 650여 개의 근육 가운데 230여 개를 움직이게 하는 자연
적인 운동이다. 오랫동안 웃고 나면 배가 당기는 것도 평소 쓰지 않던
근육을 썼기 때문인 것이다.

웃음과 건강의 상관관계를 40년간 연구한 미국 스탠포드 의대의 윌리
엄 프라이 박사에 의하면 1)웃으면 뇌하수체에서 엔도르핀 등의 자연
진통제가 생성된다. 2)부신에서 통증과 염증을 낫게 하는 신비한 화학
물질이 나온다. 3)또한 스트레스 호르몬의 분비량이 줄어들고 4)심장
박동수가 높아져 혈액순환이 좋아진다. 5)뿐만 아니라 혈액과 위장,
어깨 주위의 상체 근육이 운동을 한 것과 같은 효과를 얻는다. 6)웃는
훈련을 계속하면 관상이 바뀌고 골격이 더 아름다워진다.

우울한 기분에 머물게 되면 뇌 기능은 현저히 약해진다. 두려움과 공
포, 분노는 뇌를 수축시키고 뇌 기능을 저하시킨다. 하지만 기쁨과 웃
음이 풍부한 긍정적인 감정은 뇌를 팽창시키고 위축되어 있던 뇌기능
도 활성화시킨다.

거울을 볼 때마다, 사람을 대할 때마다, 그리고 혼자 있을 때에도 마음
껏 웃자. 웃을 만한 이유를 찾지 말고 그냥 웃자. 억지로라도 웃으면 실
제로 웃을 일이 생긴다. 관상과 운이 바뀐다.

웃는 습관을 기르면 나이가 든 후에도 얼굴에는 항상 부드러운 미소가 어리게 된다. "마흔이 되면 얼굴에 책임을 져야 한다"는 말이 있다. 얼굴 골격이나 윤곽에 그 사람의 삶이 고스란히 드러나기 때문이다. 평생 고통과 회한 속에서 남을 원망하며 산 사람들은 얼굴이 경직되어 있기 마련이다.

반면 항상 낙천적으로 즐겁게 사는 사람의 얼굴은 윤기가 흐르고 부드럽다.

오늘부터 웃자. 그리고 남도 웃게 하자. 다른 사람들에게 웃음을 주면 스스로의 기쁨과 행복도 배가 된다.

웃음을 선택하는 것, 그것이 곧 행복을 창조하는 원동력이다.

Speech - 말은 성공의 씨앗이다

저는 지난 몇 년간 딘 하나의 목표에 집중했습니다. 그것은 성상에 오르는 것이었죠. 루안코리아에서는 최고 직급자를 '크라운'이라고 하는데 연봉이 12억 정도 됩니다.

저는 다이어리의 모든 달의 맨 위 공란에 그 달의 목표를 단정적이고 분명하게 기입해 넣었습니다.

"크라운이 된다."

그리고 여러분도 아시다시피 저는 1년 만에 제가 목표했던 대로 바로 아래 단계인 '더블 다이아몬드' 자리에 올랐습니다. 회사의 CEO는 공개 석상에서 저에게 '양치기 소년'이라는 애칭을 붙여 주셨습니다. 매달 "더블 다이아몬드가 되겠다"고 노래하더니 진짜로

더블 다이아몬드 늑대가 되었다고 말입니다.

하늘의 신도 긍정의 언어를 좋아한다

저는 지금껏 성취해 온 화장품 회사 네 번의 판매왕, 4년 연속 리쿠르팅 1위, 최고 직급 다이아몬드에 오르는 과정에서 부정의 말을 사용해 본 적이 없습니다. 오로지 성공만을 말해 왔기에 가능했던 기록이며, 지난 십 수 년 간의 크고 작은 증거가 이를 뒷받침해 주고 있다고 생각합니다.

미국 레이크우드 교회의 담임 목사이자 미국의 차세대 리더로 급부상한 조엘 오스틴 목사의 대표작 《긍정의 힘》은 믿는 대로 된다는 것이 키워드입니다. 뉴욕타임스 베스트셀러 1위였던 이 책에서는 인생이 100배 달라지는 최선의 삶을 위한 7단계를 매일 입으로 소리 내어 말하기를 권하고 있는데, 이것을 일주일만 실천해도 시각이 바뀌고, 비전이 자라고, 인생이 변하는 마술 같은 기적이 일어난다고 단언하고 있습니다.

《긍정의 힘》과 더불어 전 세계적인 베스트셀러였던 또 한 권의 책 《시크릿》 역시 긍정의 힘을 강조하고 있습니다. 간절하게 원하는 바를 소리 내어 말하면 전 우주가 그것을 듣고 그 소망을 이루어주기 위해 돕는다는 내용입니다.

여러분의 언어에서 부정적인 언어는 아예 얼씬도 하지 못하게 하십시오.

"난 절대 실패해서는 안 돼"를 "난 멋진 인생을 살 거야"로, "빚쟁이가 되고 싶지 않아"를 "난 100억을 벌 거야"로 고쳐서 말하십시오.

인생에서 성공하지 못한 사람은 무능하거나 부족해서가 아니라 아무런 긍정의 말도 하지 않아 우주의 절대자가 그 소원을 듣지 못했을 뿐입니다.

어떤 일이 이루어질 수 없다고 절대로 말하지 마십시오. 여러분 스스로에게도, 다른 사람에게도 하지 마십시오. 하늘의 신은 어떤 일이 불가능하다는 것을 무시해버릴 수 있는 사람을 기다리고 있습니다.

말이 곧 에너지다

우리는 긍정적이고 적극적인 말만 써야 합니다. 부정적인 말을 많이 하는 사람을 가까이 두지 마십시오. 부정적인 말은 듣는 사람에게도 부정적인 기운을 전달합니다.

화제의 베스트셀러였던 《물은 답을 알고 있다》를 보면 부정적인 말과 긍정적인 말에 따라 사물이 어떤 변화를 보이는지가 잘 나와 있습니다.

이 책의 저자는 샬레에 물을 떨어뜨려 영하 20도의 냉장고에 3시간쯤 넣어둔 후 결정 구조를 현미경으로 관찰했는데, 클래식 음악이나 '사랑, 감사'라는 단어를 보여준 물은 결정 구조가 아름답고, '망할 놈'이라는 단어나 헤비메탈 같은 음악을 들려준 물의 결정은 흉측하다는 것을 발견한 것입니다. 저자는 물 입자가 사랑과 감사를 느낄 수 있는 '의식' 을 갖고 있다고 주장합니다. '고맙습니다' 라는 단어는 감사의 주파수를 물에게 보내 아름다운 결정을 만들고, '망할놈' 이라는 단어는 비난의 주파수를 내보내 결정 구조를 깨뜨린다는 것입니다.

여러분도 아시다시피 우리 인체의 70% 이상은 물로 구성되어 있습니다. 욕설과 같은 부정적인 말을 들을 때 기분만 나빠지는 것이 아니라 건강에도 위협이 될 수 있다는 놀라운 사실에 많은 사람들이 충격을 받았지요. 반대로 예쁜 말, 긍정적인 말을 많이 하고 많이 들으면 기분뿐만 아니라 건강도 좋아지겠지요.

몇 년 전 한글날 특집 다큐멘터리에서도 이와 비슷한 실험이 소개된 적이 있습니다. 먼저 두 개의 유리병에 갓 지은 쌀밥을 나누어 놓고 하나에는 '고맙습니다' 라는 이름을, 다른 하나에는 '짜증나' 라는 이름을 붙인 뒤 '고맙습니다 쌀밥' 에게는 매일 "고마워, 예쁘다, 사랑해" 등등의 긍정적인 말을, '짜증나 쌀밥' 에게는 "짜증나, 너 미워, 대체 넌 왜 그래" 등등의 부정적인 말을 들려주었더니 좋은 말을 들은 쌀밥은 하얀 누룩을 피워내고 나쁜 말을 들은 쌀밥은 시커멓게 썩어버린 내용이었지요.

이처럼 말에는 우리가 생각했던 것보다 엄청난 힘이 들어 있습니다. 말하기만 제대로 해도 성공은 한층 가까이 다가오는 것입니다.

보다 적극적인 말, 긍정적인 말, 성공과 행복, 기쁨의 단어들을 사랑하십시오. 누군가가 부정적인 말로 당신의 혼을 건드리지 못하게 하십시오.

리더의 역량은 스피치에서 드러난다

현대는 커뮤니케이션의 시대이며, 스피치의 대중화 시대입니다. 우리는 매일같이 많은 사람을 상대로 말을 하면서 살아갑니다. 경영 평론가 피터 드러커 박사는 "인간에게 있어서 가장 중요한 능력은 자기표현이며, 경영이나 관리는 커뮤니케이션에 의해 좌우된다"고 했습니다. 인간관계 전문가 제임스 벤더 박사 역시 미국의 성공한 리더들을 대상으로 조사한 결과 "리더가 갖춰야 할 제1 조건은 스피치이다"라고 했습니다. 다시 말해 언제 어느 곳에서든 자신의 주장이나 생각을 당당하게 표현할 수 있는 기본적인 스피치의 자질이 요구되는 시대인 것입니다.

말하기는 누구나 하는 것이지만 '잘 말하기'는 누구나 잘할 수 있는 일이 아닙니다. 대부분의 사람들이 말을 하되 자기주장만 내세우고, 상대방의 말은 잘 들으려고 하지 않습니다. 또 머릿속 생각을 제대로 표현하지 못한다거나, 이야기를 설득력 있게 풀어가는 데 어려움을 느낍니다.

스피치는 의외로 간단한 데서부터 출발합니다. 천천히 또박또박 자연스럽게 말하는 연습을 먼저 하십시오. 당황스러운 말, 횡설수설 장황하게 늘어놓는 말일수록 속도가 빠를 수밖에 없습니다. 천천히 또박또박 말하다 보면 훨씬 안정적이고 논리적으로 들립니다.

스피치를 잘하려면 세 가지를 염두에 두십시오.

첫째, 이론적인 틀을 갖추고 있어야 합니다. 객관적인 합리성과 논리적인 깊이에 바탕을 두지 않은 내용은 설득력이 없습니다.

둘째, 가슴을 울리는 감동이 있어야 합니다. 머리만 공략해서는 상대방의 변화를 기대하기 어렵습니다.

셋째, 인격에 바탕을 두어야 합니다. 어제 한 말과 오늘 한 말이 다르고, 오늘 한 말이 내일 번복된다면 아무리 말을 잘하는 사람이라 할지라도 아무도 그를 믿지 않을 것입니다.

스피치를 잘하려면 전달기술도 중요합니다. 너무 높은 목소리는 귀에 거슬리고 너무 낮은 목소리는 집중을 방해합니다. 도레미파솔라시도 중 '미' 정도의 높이의 목소리가 가장 듣기에 편안하고 설득력이 높습니다.

꿈은 말해야 이루어진다

말하는 대로 말하는 대로
될 수 있단 걸 눈으로 본 순간
믿어보기로 했지
마음먹은 대로 생각한 대로
할 수 있단 걸 알게 된 순간
고갤 끄덕였지

얼마 전 모 예능프로에 소개되며 히트를 쳤던 〈말하는 대로〉라는 노래의 가사입니다. 가사 내용이 정말이지 제가 평소 하고 싶은 얘기 딱 그대로더군요.

꿈이 있다면, 비전이 있다면, 그것을 입으로 뱉어야 합니다. 우선

말로 표현하지 않으면 앞에서 강조한 대로 비전을 공유할 수도 없겠지요.

여러분의 꿈을 말하십시오. 꼭 다른 사람들 앞이 아니어도 괜찮습니다. 매일 아침 거울을 보며 그날 하루의 다짐, 앞으로의 목표를 소리 내어 말해 보세요.

"난 매력적인 사람이야."

"난 꼭 성공할 테야."

"나의 오늘은 정말 멋질 거야."

말하지 않았을 때보다 확실히 긍정적인 기운이 샘솟고 온몸에 활력이 흘러넘치는 것을 느끼게 될 것입니다. 긍정적인 말은 실제로 우리 몸에 영향력을 끼칩니다.

모 다큐멘터리 프로에서 실험을 했는데, 젊은이를 연상시키는 단어를 본 사람들은 걸음걸이가 더 활기차졌고, 노인을 연상시키는 단어를 본 사람들은 걸음걸이가 오히려 늘어지는 결과가 나왔습니다. 정작 당사자는 전혀 눈치 채지 못한 변화였습니다.

꿈이 있는 사람은 그 꿈을 반드시 말해야 합니다. 그래야 하늘이 듣고 세상이 듣고 이웃이 듣습니다. 거기에서부터 이미 꿈은 실현되기 시작합니다.

말을 통해서 내 영혼에 결단이 새겨지고 뒤로 물러날 수 없게 됩니다. 100일 안에 무엇을 이루시겠습니까? 지금 정하십시오. 그리고 종이에 적고 입 밖으로 크게 소리 내어 말하십시오.

하늘의 절대자, 우주를 창조한 신에게 여러분의 꿈을 신고하십시오. 하늘이 여러분의 목소리를 듣고 적어놓습니다. 말로 하지 않으면 며느리만 모르는 게 아니라 하늘도 모릅니다.

꿈을 문장으로 구체화하라

꿈은 반드시 입 밖으로 말해져야 합니다. 다만 구체적이어야 효과가 있습니다.

"난 부자가 될 거야"보다는 "연 수입 10억을 달성할 거야"가 더 구체적이고 명료합니다. 간절한 꿈일수록 문장은 더 또렷해지고 명확해집니다. 그리고 꿈이 구체적으로 떠올랐다면 당장 펜을 드십시오. 또박또박 마음속 문장을 종이에 적으십시오. 꼭 한 가지만 적을 필요는 없습니다. 10가지를 적어도, 100가지를 적어도 됩니다.

꿈을 적으면 이루어질 가능성이 높아집니다. 여러분의 드림리스트를 작성하십시오,

어떤 분이 제 말을 듣고 5가지 드림리스트를 적었는데 신기하게

하나씩 이루어지고 있다며 자신의 노트를 보여주셨습니다. 거기에는 이렇게 적혀 있었죠.

000의 드림 리스트: 내 인생의 목표

1. 내 소유의 저택 구입하기(10억 이상)
2. 1년에 1개국 이상 해외여행하기
3. 자녀들에게 하루에 한 번씩 사랑한다고 말하고 듣기
4. 남편과 단둘이 일주일에 한 번씩 외식하기
5. 늘 얼굴에서 미소가 떠나지 않게 하기

참 멋진 꿈, 아름다운 소망 아닙니까? 전 그분의 맨 처음 모습을 애써 기억해내야만 했습니다. 드림리스트에 나와 있는 대로 항상 환한 미소를 짓고 있어서인지 인상이 크게 달라졌기 때문이었습니다.

월 1억의 꿈을 이루고 싶으면 저처럼 양복 안쪽 단에 유성매직으로 '3년 내 월 1억'이라 쓰고 지갑에 넣어두는 명함 위에 '3년 내 반드시 월 1억 간다'라고 써 놓고 매일 지갑을 꺼낼 때마다 쳐다보면서 큰 소리로 외쳐주십시오.

간절한 외침이 없다면 우주의 절대자가 당신이 무엇을 원하는지 몰라 은총과 축복을 내릴 수가 없다는 것을 저도 40세가 넘어서야 알

게 되었습니다. 여러분의 사명과 비전을 구체적인 문장으로 써서 큰 소리로 외치십시오. 온 우주가 들을 수 있도록 말입니다. 그리고 꿈을 적은 종이는 항상 품에 지니고 다니십시오. 되도록 심장 가까이 넣고 다니시면 더 좋습니다.

여러분의 열정이 꿈을 적은 종이를 심장의 온기로 데우고, 염원을 담아 저어 내려간 글자를 현실로 만들어줄 것입니다.

전 세계를 벌벌 떨게 했던, 역사상 가장 넓은 영토를 소유했었던 나라 몽골제국을 이끈 징기스칸은 소년 시절부터 포부가 남다른 인물이었습니다. 거친 황야에서 척박한 삶을 일구던 시절에도 징키스칸은 "해가 뜨는 곳부터 해가 지는 곳까지 정복하겠다"고 입버릇처럼 말했죠. "먹을 것이 없어서 쥐를 잡아먹는 형편에 무슨 세계 정복이냐"며 또래 소년들은 그를 비웃었지만 결국 그의 말은 실현되었습니다. 해가 뜨는 나라인 고려부터 해가 지는 나라인 터키까지 정복해 몽골 대제국을 세웠으니 말입니다. 징키스칸은 말 한마디의 무게를 잘 아는 실로 위대한 장수였습니다.

일반인이 보기에 허무맹랑한 선언을 했던 사람 중에는 미국의 케네디 대통령도 있습니다. 그는 러시아보다 우주기술이 뒤처진 시대에 "10년 내에 달을 정복하겠다"고 말했지요. 그리고 인류 역사상 달로의 첫 비행을 결국 성공시킵니다.

무하마드 알리는 선수 시절 입버릇처럼 말했습니다. '나는 이 시대 최고의 복서다. 누구도 나를 무릎 꿇리지 못할 것이다." 사람들은 건방지다고 생각했지만 그는 실제로 '나비처럼 날아서 벌처럼 쏘는' 최고의 복서로 군림했습니다. 한 마디 말의 무게를 실감하시고, 그 힘을 체험하십시오. 말을 통해 각오가 새겨지고 뒤로 물러설 수 없게 됩니다. 꿈이 있다면 우선 말로 구체화하십시오. 큰 소리로 발설하십시오.

여러분의 꿈을 세상에 소리칠 준비, 되셨습니까?

Story - 인생의 테마를 설계하라

21세기는 스토리텔러의 시대입니다. 스토리를 잘 꾸미는 사람이 부를 거머쥐는 시대입니다. 디지털 세상에서 가장 중요한 키워드는 바로 '감성'이라고 합니다. 인간의 감성을 이끌어내서 이를 가치로 만들 수 있는 리더야말로 이 시대에 가장 주목 받을 수 있는 리더가 될 수 있습니다.

스토리텔링이란 'story'와 'telling'의 합성어로 상대방에게 알리고자 하는 콘텐츠에 재미있고 생생한 이야기를 담아 설득력 있게 전달하는 것을 말합니다. 감성의 시대에서 성공을 이끌려면 공감을 통한 커뮤니케이션을 활용할 줄 아는 리더십을 발휘해야 한다는 것이지요.

지금은 스토리텔러의 시대

하버드 대학교 심리학 교수인 하워드 가드너는 "논리적으로 생각할 때는 이성을 지배하는 좌뇌가 작동하지만, 최종 의사결정은 감성을 지배하는 우뇌가 한다. 리더십이란 좌우의 뇌를 잘 활용하여 이야기를 창조해낼 수 있는 능력이다"라고 말하고 있습니다. 생각해보면 우리가 기억하는 리더들, 예를 들어 세종대왕, 김구, 존 F 케네디, 링컨, 마틴 루터 킹, 스티브 잡스 등은 모두 강렬하고 인상적인 자기만의 이야기를 지니고 있습니다.

한 예로 중국 전한 시대의 역사가 사마천은 5,000의 적은 군사로 8만의 흉노족을 토벌하러 갔다가 패색이 짙어지자 남은 부하들을 살리고자 투항했던 이릉장군을 변호하다 한무제의 노여움을 사서 남자로서는 가장 치욕스러운 형벌인 궁형(생식기를 거세당하는 형벌)을 당한 인물이었습니다. 하루에도 열 번씩 죽음을 생각한다고 지인에게 보낸 편지에서 밝힐 만큼 당시 사마천의 굴욕감은 극에 달해 있었지만 그는 감옥 안에서도 집필 활동을 계속해 12본기, 10표, 8서, 30세가, 70열전 등 모두 130편 52만 6,500자의 방대한 역사서를 완성해냈습니다. 그리고 사기를 완성한 지 2년 만에 죽음에 이르게 되지요.

천문, 역법과 도서를 관장하던 아버지의 유언을 받들어 역사서 기술에 삶에 전부를 걸었다지만 그의 항변은 이렇습니다.

"내가 치욕 속에서도 구차한 목숨을 부지해가며 역사를 쓰는 것은 왕과 간신배들이 어떻게 나라를 망쳐놓았는지 밝혀 후세의 사람들에게 진실을 알리고 교훈을 얻게 하고 싶기 때문이다." 참으로 인상적인 결기요, 잊을 수 없는 스토리가 아닙니까?

"지금까지 당신은 어떤 삶을 살아왔습니까?"라고 묻는다면 여러분은 뭐라고 대답하시겠습니까? 두 사람에게 같은 질문을 했더니 각자 이렇게 대답했다고 칩시다.

"뭐, 별 거 없었어요. 그냥 남들 하는 만큼 했죠."

"말도 마요. 나 살아온 이야기로는 책 한 권 그냥 나와요."

어느 쪽 대답에 더 흥미가 생깁니까? 누구의 인생 이야기를 더 듣고 싶어지나요? 당연히 전자보다는 후자에 더 관심이 갑니다.

이렇듯 극적인 인생 스토리는 누구에게나 호기심을 유발합니다.

사실과 스토리에는 어떤 차이가 있을까요? 사실은 '결과'를 말하지만 스토리는 '과정'을 말합니다. 사실은 머리를 울리지만 스토리는 가슴을 울립니다. 즉 스토리는 사실에 펄떡이는 생명을 불어 넣는 작업인 것입니다.

결과가 같아도 그 결과에 이르기까지의 스토리는 다 다릅니다. 똑같이 판사가 됐는데 한 명은 집안의 온갖 지원 속에 전형적인 엘리트 코스를 밟았고, 다른 한 명은 어려운 형편에 병든 노모를 모시고 막노동을 해가며 공부를 했다면, 당연히 후자의 성공을 더 응원하게 되고 그의 삶에서 감화를 받으며 나 또한 살아갈 용기를 얻게 됩니다. 우리는 지금 우리의 인생에 어떤 나만의 스토리를 써 가고 있을까요? 이 책을 보는 오늘 밤은 자신을 재조명해보는 반추의 시간을 가지시길 바랍니다.

목적이 이끄는 삶이 스토리를 만든다

사람은 누구나 고유한 스토리를 가지고 있지만 그중에서 더 큰 도전과 실패를 경험한 사람이 더 큰 울림이 있는 감동의 스토리를 만들어낼 수 있습니다. 그런 사람의 인생 스토리가 한 편의 대서사시로 탄생하는 것입니다. 즉 인생의 목적이 분명한 삶이 남들과 다른 나만의 스토리를 만들어냅니다.

박수경이라는 분이 있습니다. 서울대 물리학과 교수이자 가수 이문세 씨의 장인이기도 하지요. 이분이 78세에 중국어 공부를 시작했습니다. 중국 고대 역사에 관심이 많아 중국에 여행을 갔는데, 가이드의 수준이 너무 낮아 제대로 궁금증을 해소하지 못한 것이었습니다. 나이가 들어서 외국어를 공부하기는 절대로 쉬운 일이 아니죠. 그런데 이분은 1년 만에 중국어를 마스터하고야 맙니다. 어떻게 이런 놀라운 일이 가능했겠습니까? 중국어를 익혀서 공자의 삶을 재조명해보겠다, 중국의 역사를 새로운 시각으로 다시 공부해보겠다는 분명한 목적이 있었기 때문입니다.

목적이 있는 삶은 남들과 차별화되는 인생 스토리를 가질 수밖에 없습니다. 여러분도 '월 1억을 번다', '크라운이 된다', '벤츠를 탄다' 와 같은 분명한 목적을 정하십시오.

언젠가 여러분의 인생이 영화로 만들어진다고 생각해 보십시오. 여러분이 죽고 난 뒤, 여러분의 손자 손녀가 그 영화를 본다고 상상해 보십시오. 우울하고 암담한 결말의 영화 속 주인공이 되고 싶으십니까? 재미도 없고 감동도 없는 영화를 찍고 싶으십니까? 아니지요. 내일 죽어도 여한이 없을 만큼 최선을 다해 오늘을 살아가십시오. 열정적으로 오늘을 살아가는 사람의 인생은 빛나는 스토리로 가득할 수밖에 없습니다.

스토리가 성공을 만든다

스토리는 직접 겪어낸 도전과 경험일수록 큰 감동을 줍니다. 그리고 단번의 성공보다는 여러 번 실패를 통해 얻은 성공이 더 큰 감동을 주지요.

기업도 마찬가지입니다. 현대사회는 상품과 함께 그에 담긴 스토리를 함께 팔아야 하는 시대입니다. 소비자들은 스토리가 담긴 상품에 색다른 가치를 느낍니다. 예를 들어 마늘로 만든 건강식품이 있다고 합시다. 마늘이 몸에 좋다는 것은 누구나 알고 있습니다. 하지만 논을 수고 사서 먹어야 하는 가치를 느끼지 못할 수도 있지요. 그럴 때 칠순잔치를 앞둔 사람이 마늘을 먹고 서울에서 부산까지 520㎞ 구간을 사이클로 오가는 대장정에 성공했다고 가정해 봅시다. 그 과정을 스토리로 만들어 판다면 마늘의 매출고는 엄청나게 늘어날 것입니다. 마늘이 체력 증진에 좋고 지구력에 좋고 성인병에 좋다는 식의 광고보다는 효과가 훨씬 큰 것이지요. 직접 체험한 생생한 스토리를 들어야 마음이 움직인다는 뜻입니다. 스토리야말로 가장 효과적인 차별화 전략인 동시에 성공 전략이라는 뜻도 됩니다.

루안코리아의 제품 몽니스에는 어떤 스토리를 입힐 수 있을까요? 피부에 대한 고민이 심각해 대인기피증까지 앓던 분이 자신감을 되찾은 사례가 이미 무수히 많습니다. 동안 피부로 거듭나 더 당당하고 멋지게 살아가는 분들도 많지요. 화상을 입은 팔 때문에 평생 반팔 한 번 못 입어보다가 회복되신 분의 이야기도 들으신 적이 있을 겁니다.

제품에 남들과 차별화되는 여러분의 이야기를 입히십시오. 아직 특별한 이야기가 없다면 여러분의 인생을 바꾸어줄 제품의 새로운 가치를 상상하는 것부터 시작해보십시오.

스토리가 인맥을 만든다

상대의 마음을 사로잡는 데도 스토리만 한 게 없습니다. 뜨겁고 힘찬 악수 혹은 포옹, 주거니 받거니 나누는 한잔의 술보다 나의 아픔이나 어려웠던 지난날의 에피소드를 나누는 것이 서로에게 더 깊은 인상을 주면서도 서로 오랫동안 공감할 수 있게 해줍니다.

그렇다고 어린 시절부터의 이야기나 지나친 자기자랑에 가까운 이야기를 구구절절 늘어놓지는 마십시오. 듣는 이가 지루해하고 식상해할 가능성이 높습니다. 정말 귀감이 될 만한 한 토막 에피소드나 부모와 관련된 가슴 뭉클한 사연, 상대도 눈물이 날 만큼 감동을 줄

이야기를 나누는 것이 좋습니다.

　마음 깊이 간직한 사연을 먼저 털어놓으면 서로 마음을 열고 진심으로 다가갈 수 있습니다. 막노동판에서 생고생한 이야기, 인생의 벼랑 끝에서 겪은 처절한 이야기, 실연의 아픔으로 한밤을 지새운 사연, 질병의 고통으로 벽만 쳐다보며 하릴없이 눈물만 흘렸던 이야기 등을 꾸밈없이 털어놓으면 상대방도 자신만의 비밀스러운 옛 이야기를 서슴없이 끄집어내기 마련입니다.

　이로써 서로 공감하고 친밀감이 형성되며, 서로에게 충분한 호감과 호의가 쌓이면 차 한잔 혹은 소주 한잔 하면서 여러분이 목적한 바를 어렵지 않게 성사시킬 수 있게 될 것입니다.

당신의 인생을 한 편의 영화로 만들어라

"모든 사람은 이 세상이 나 때문에 창조되었다고 느낄 수 있는 권리를 가지고 태어났다." 《탈무드》에 나오는 말입니다.

　어쩌면 성공이란 것은 포기하지 않고, 멈추지 않고 최선을 다해 살아온 인생에 대해 신이 부여하는 선물이고 보답일지도 모릅니다. 자기 자신의 마음을 따뜻하게 만들 수 있는 진정성 넘치는 스토리를 가슴에 품는 순간 비로소 무한하게 샘솟는 자신에 대한 사랑과 자긍심의 원천을 회복할 수 있습니다. 나만의 진정성 있는 스토리를 잃어버리는 그 순간부터 나의 삶은 남들의 카피가 되고 남들과 끊임없이 비교하는 불행한 삶의 쳇바퀴가 시작됩니다.

진정성이 있는 삶의 스토리는 여러분은 물론 여러분 주변 사람들의 가슴을 데워서 수많은 기적을 만듭니다. 그래서 저는 오늘도 저만의 또 다른 스토리를 만들기 위해 새로운 도전을 계속하고 있습니다.

스토리가 있는 인생이야말로 고귀한 가치가 있습니다. 일기에 쓸 것이 많은 하루하루를 보내십시오. 당신만의 이야기를 만들어 가십시오. 심장을 뛰게 하고 땀 냄새가 진동하는 삶을 사십시오. 그래야 성공한 뒤에도 해줄 얘기가 많습니다.

자서전을 쓴다는 마음으로 살아갈 때 우리 삶에 놀라운 변화들이 일어납니다.

스토리로 성공한 대표적인 인물이 《해리포터》 시리즈를 쓴 조앤 K. 롤링이라는 영국의 소설가입니다. 이 책으로 그녀는 세계적인 유명 인사가 되었을 뿐 아니라 영국에서 열 손가락 안에 드는 부자가 되었지요. 재미있는 건 그녀의 삶 자체도 소설 못지않게 화제가 되었다는 것입니다.

조앤 K. 롤링은 가난한 이혼녀 시절에 장차 세계인들을 사로잡을 베스트셀러를 집필했습니다. 옆에는 젖먹이 어린 딸까지 딸려 있었지요. 그녀는 한겨울 난방비조차 없어 아기를 데리고 동네에 있는 작은 카페에 앉아 글을 썼습니다. 첫 원고를 완성했을 때는 방대한 양의 글을 복사할 돈조차 없어 간신히 구한 낡은 타자기로 손수 두 번이나 타이핑해 두 군데의 에이전시에 보내야 했지요. 여러 군데의 출판사로부터 무수히 퇴짜를 맞고, 우여곡절 끝에 받게 된 계약금이 겨우 2000달러에 불과했다는 일화도 유명합니다.

"무명시절 나는 실업자에 이혼녀였지만, 내 신세를 비관하지는 않았다. 해리 포터 이야기를 쓰고 있노라면 마음이 저절로 명랑해져서 무일푼인 것도, 남편과 헤어진 것도 상관없었다. 내가 겪은 시련이 동화 줄거리에 영향을 미치지는 않았다. 해리 이야기는 내 어린 시절 상상의 세계에 깊숙이 뿌리내리고 있기 때문이었다."

여러분은 현재 꿈을 이루기 위해 무엇을 하고 있습니까? 매일 어떤 스토리를 쓰고 계십니까?

Surprise - 작은 것에서 감동을 만들어라

작은 몸짓에도 감동하는 엄마처럼

엄마는 아이의 작은 움직임도 놓치지 않은 가장 훌륭한 관찰자입니다. 엄마는 아이가 처음 몸을 뒤집은 순간, 처음 "엄마"라고 부른 순간, 처음 걸음마를 한 순간을 가장 먼저 목격하는 사람입니다. 엄마는 아이의 작은 변화에도 놀라워하고 기뻐합니다.

엄마들에게 있어 세상에서 가장 소중하고 작은 존재의 일거수일투족을 관찰하며 교감하는 시기는 세상에서 가장 행복한 순간이지 않을까요.

우리도 아기에게서 눈을 떼지 못하는 엄마처럼 애정과 관심 어린 태도로 상대방을 주의 깊게 관찰하고 인간관계에서 매순간 놀라워하고 감동할 줄 알아야 합니다.

남편이 혹은 아내가 여러분을 위해 요리를 했습니다. 무심하게 반응하지 맙시다. 맛이 어떻든 칭찬해주고, 맛있게 먹어주며 놀라움을 표현합시다.

그 사람의 작은 행동에도 예민하게 반응해준다면, 그 사람은 존중감을 느끼고 여러분의 사람이 됩니다.

'오버' 하십시오. 사실 나이를 먹을수록 감동할 일이 줄어듭니다. 감동에 둔감해집니다. 감동하는 일에 있어서는 약간의 오버가 차라리 좋습니다.

제 둘째딸은 아내가 해준 음식을 먹을 때마다 놀라움을 표현합니다. "엄마, 엄청 맛있다. 엄마가 해주는 것은 언제나 짱이야 ! 엄마 최고!"

둘째딸은 표현도 풍부합니다. 아침에 눈을 뜨자마자 엄마에게 달려가 안아달라고 하고 뽀뽀해달라고 합니다. 엄마가 피곤해하면 가장 먼저 눈치 채는 것도 둘째딸입니다. 엄마로서는 둘째딸이 예쁠 수밖에 없습니다. 엄마의 사랑을 받을 수밖에 없습니다.

주인이 오면 좋아서 펄쩍펄쩍 날뛰는 개처럼 만남의 기쁨에 격하게 반응하는 사람이 되십시오. 적극적으로 반응하는 사람이 21세기 성공자의 모습입니다. '군중 속 고독' 이라는 말이 증명하듯 기계적이고 냉소적인 이 시대에서 우리는 모두 외롭습니다. 파트너도 마찬가지일 겁니다. "놀랍다, 대단해요" 등의 반응은 상대방에게 존재감을 느끼게 하는 기폭제가 되기에 충분합니다. 파트너의 작은 성과와 사소한 변화에도 놀라워하고 칭찬해줍시다. 파트너의 마음을 사로잡을 수 있는 간단하면서도 확실한 방법입니다.

다이돌핀의 놀라운 효능

최근의 의학계가 발견한 호르몬 중에 '다이돌핀' 이라는 것이 있습니다. 엔도르핀이 암을 치료하고 통증을 해소하는 효과가 있다는 것은 이미 널리 알려진 이야기지만 이 다이돌핀의 효과는 엔도르핀의 4000배라는 사실이 발표되었습니다.

그렇다면 이 다이돌핀은 언제 우리 몸에서 생성되는 것일까요?

바로 '감동 받을 때' 입니다. 그래서 다이돌핀을 일컬어 감동 호르몬이라고도 말합니다.

가슴 뭉클한 글을 읽었거나, 좋은 음악 선율이 마음을 깊이 터치할 때, 좋은 노래나 영화를 감상했을 때, 힘들 때 누군가가 구원의 손

길을 내미는 경우, 전혀 알지 못했던 새로운 진리를 깨달았을 때, 엄청난 사랑에 빠졌을 때, 자신이 원하는 목표를 성취했을 때, 여행을 가서 좋은 풍경을 보거나 새로운 경험을 하게 되었을 때, 마음 깊이 기쁨이 샘솟을 때 감동 호르몬인 다이돌핀이 용솟음칩니다.

즉 굉장한 감동이 왔을 때 '다이돌핀'이란 호르몬이 생성되는 것입니다. 특히 가장 강력한 다이돌핀이 생성될 때는 감사할 때라고 합니다. 새로운 사람을 만나게 될 때 그 만남에 기뻐합시다. 주인이 오면 좋아서 날뛰는 강아지처럼 반가워해 봅시다. 그러면 여러분뿐만 아니라 상대방도 감동하게 됩니다.

인생은 새로운 것을 받아들일 때에만 발전합니다. 결코 아는 자가 되지 말고 언제까지나 배우는 사람이 되십시오. 마음의 문을 활짝 열어놓고 항상 배우는 자세를 가집시다.

작은 가치의 힘

예전에는 큰 차별화를 갖지 못했던 '작은 가치'들이 소비트렌드로 급부상하고 있습니다. 작은 감동이 힘을 얻게 된 것은 시장 상황과 소비자가 변하고 있기 때문입니다. 공급 과잉 상태인 현대의 시장은 평범한 제품과 서비스로는 차별화가 어려워졌습니다. 웬만한 기술은 금방 복제되거나 모방되기 일쑤입니다. 언제 어디서나 정보를 얻을 수 있게 된 소비자들은 똑똑해지고 까다로워졌습니다. 인터넷이나 소셜네트워크서비스(SNS) 등을 통한 입소문 영향력도 커졌습니다.

고객들은 작은 것에 정성을 쏟는 태도를 보면 다른 부분들까지 신뢰하게 됩니다. 작고 사소한 일에 힘을 쏟는 정성이 큰 변화를 일으킵니다.

작은 배려에 감동받은 소비자는 지갑을 엽니다. 현대백화점은 해마다 3만 5000여 명의 매장 직원 중 매출 신장률과 고객관리 등을 평가해 350명의 '에이스 매니저'를 선발합니다. 백화점 측이 에이스 매니저 350명의 판매 전략을 분석한 결과, 이들의 성공 노하우는 '억지로 팔려고 하지 않는다'는 것이었습니다. 상품을 무리하게 권하거나 팔려고 하지 않고, 고객의 입장에서 관련 상품에 대한 정보를 제공하고 필요한 것만 구매하게 한 것이 성공 요인이었습니다.

예를 들어 초기 임신부가 아기 옷을 사려고 하면 "아이를 낳으면 선물이 많이 들어오고, 아이가 태어날 무렵이면 계절이 바뀌어 교환하고 싶어도 방법이 없으니 잘 생각해보고 구매하라"고 조언을 해주는 식입니다. 그리고 태교에 좋다고 덧신 정도만 권합니다. 그러면 판매자의 진심을 알아본 고객이 출산 후 반드시 다시 찾아온다는 것입니다.

고객들에게 충동구매보다는 합리적인 구매를 유도하는 것이 고객의 신뢰를 높이는 방법입니다. 아웃도어 매장에서는 불필요한 풀세트를 권유하기보다는 단계별로 꼭 필요한 장비만 권유할 때 고객의 만족도가 높았습니다.

지금 당장 억지로 판매하거나 매출에 연연하지 않은 고객 응대가 오히려 판매를 늘리는 요소로 작용하는 것입니다.

사소한 배려가 마음을 움직인다

사람들과 대화를 나누게 될 때 반드시 준비해야 할 것이 있습니다. 그것은 바로 다이어리와 펜입니다. 상대방이 말할 때 주의 깊게 들으며 메모를 한다는 것은 그만큼 상대방을 존중하고 자기 자신은 겸손한 위치로 내려놓는 것입니다. 상대의 이야기를 들을 만한 가치가 있다고 생각하고 있으며 오랫동안 기억해두겠다는 무언의 표현입니다.

상대방은 자신의 말을 들으며 메모하는 여러분의 모습을 보고 잔

잔한 감동을 느끼게 됩니다. 존중받는 기분을 느끼고 여러분에 대한 호감도가 수직상승합니다.

간혹 상위 직급자 중에도 통 다이어리를 들고 다니지 않는 분들을 보게 됩니다. 에메랄드 이상의 직급이면서 회장님 주제 회의에 수첩도 없이 참석하는 사람들을 보면 안타깝기 짝이 없습니다. 과연 앞으로도 사업을 성공적으로 이끌어나갈 수 있을지 걱정도 됩니다.

사람과 대화할 때, 미팅할 때, 대화할 때 항상 메모하는 습관을 들이십시오. 사소해 보이지만 성공이라는 목표를 성취하는 데 있어서 간과할 수 없는 매우 중요한 요소입니다.

세계적으로 영향력을 미치는 인물 100인 중 하나이자 백만장자인 오프라 윈프리는 그녀의 쇼에 초대된 게스트들을 특별하고 열정 있는 사람으로 변신시키는 데 탁월한 역량을 가지고 있습니다. 호기심어린 눈빛과 온몸으로 경청하는 태도가 사람들을 감동시켜 자신만의 비밀스런 이야기를 카메라 앞에서 털어놓게 만드는 것입니다. 그녀의 이러한 특별한 능력은 오프라 윈프리 쇼를 가장 인기 있는 토크쇼로 성장시킨 원동력이었습니다.

누군가의 이야기를 들어준다는 것은 상당한 끈기를 필요로 하는 일입니다. 많은 사람들이 듣는 것을 지루해합니다. 하지만 상대방이 내 이야기를 열심히 듣지 않는다고 느낄 때 말하는 사람은 상실감을 느끼게 됩니다. 당연히 좋은 인간관계가 형성될 리 없습니다.

인중과 이마 사이를 넘나드는 집중된 시선, 적절히 고개를 끄덕이며 공감하고 수긍하는 태도, 메모를 하며 상대방의 입장에서 듣는 것은 '경청'의 필수적인 방법입니다. 상대방과 대화를 나눌 때는 정면으로 마주해서 앉습니다. 팔짱을 끼거나 다리를 꼬아서는 안 됩니다. 그렇다고 딱딱한 태도로 앉으라는 얘기는 아닙니다. 느긋하면서도 편안한 태도로 상대의 말을 열린 마음으로 들을 준비가 되었음을 보여줍시다. 허리를 약간 상대방을 향해 숙이면 더욱 좋습니다. 열심히 듣고 있음을 은연중에 드러내는 태도입니다. 상대방은 신명이 나서 아무에게도 하지 않았던 이야기까지 하게 됩니다.

상대의 마음에 걸린 빗장을 해제하는 것, 바로 경청의 힘입니다.

액션 플랜
6

Servant - 낮아지면 높아진다

개는 배가 고프면 밥그릇에 밥을 발로 차서 주어도 맛있게 먹습니다. 하지만 인간은 아무리 배가 고파도 그렇게 주면 먹지 않습니다. 자신의 존재감이 무시당했기 때문입니다. 인간의 내면에 깊숙이 자리잡은, 자신은 소중한 존재이며 만물의 영장이라는 작은 신념은 인간과 동물을 구별케 하는 결정적 차이점이며 지금껏 찬란한 문명을 만들어 낼 수 있었던 원동력일 것입니다

'서번트' 라는 단어의 우리말은 '하인' 이라는 뜻입니다. 서번트 리더십은 뜻 그대로 섬기는 리더십입니다. 다른 사람을 섬기는 사람이 리더가 될 수 있다는 것으로 미국 학자 로버트 그린리프가 1970년대에 처음 주장한 이론입니다.

'다른 사람의 요구에 귀를 기울이는 하인이 결국은 모두를 이끄는 리더가 된다' 는 것이 이 이론의 핵심으로, 그린리프에 따르면 서번트 리더십은 '타인을 위한 봉사에 초점을 두며 상사와 부하직원, 동료, 고객, 커뮤니티를 우선으로 여기고 그들의 욕구를 만족시키기 위해 헌신하는 리더십' 이라 정의할 수 있습니다.

높아지고자 하면 먼저 낮아져라

그린리프에 따르면 서번트 리더십의 기본 아이디어를 헤르만 헤세의 소설인《동방으로의 여행》으로부터 얻었다고 합니다.

소설 속에서는 여러 사람이 여행을 하는데 그들의 허드렛일을 하는 '레오' 라는 인물에 초점을 맞추고 있습니다. 레오는 특이한 존재였습니다. 모두가 그를 업신여겼지만 여행 중에 모든 허드렛일을 맡아서 하던 레오가 사라지자 일행은 혼돈에 빠지고 흩어져서 결국 여행은 중단되었습니다. 그들은 충직한 심부름꾼이었던 레오 없이는 여행을 계속할 수가 없었던 것입니다. 사람들은 레오가 없어진 뒤에야 그가 없으면 아무것도 할 수 없다는 사실을 깨달은 것입니다. 그 일행 중 한 사람은 몇 년을 찾아 헤맨 끝에 레오를 만나서 여행을 후

원하는 교단으로 함께 가게 되었습니다. 거기서 그는 그저 심부름꾼으로만 알았던 레오가 그 교단의 책임자인 동시에 정신적 지도자이며 훌륭한 리더라는 것을 알게 되었습니다. 레오는 서번트 리더의 전형이라고 볼 수 있습니다.

성서를 보면 예수께서 제자들이 서로 높은 자리를 차지하고자 다투는 것을 보고 진실로 으뜸 제자가 되고자 한다면 먼저 섬기는 사람이 되라고 얘기하는 장면이 있습니다. "네가 대접받고 싶은 대로 남을 대접하라." 예수의 이 말도 서번트 리더십의 전형입니다. 이는 기독교뿐 아니라 모든 종교의 공통적인 조언이기도 합니다.

받고자 하면 주어라

"남에게서 대접을 받고자 하는 대로 너희도 남을 대접하라." 이 황금률을 따라 행동을 하셔야 합니다. 남에게서 대접받고자 하는 그대로 남에게 베푸십시오. 언제 어디서나 그렇게 해야 합니다. 2500년 전 페르시아에서 조로아스터교가 그의 추종자들에게 이것을 가르쳤으며 2400년 전 공자가 이것을 가르쳤고 기원전 500년 전 갠지스강에서 석가모니가 가르치신 겁니다. 그보다 1000년 전 힌두교의 성서에서도 이것을 가르쳤습니다. 그리고 예수는 19세기 전에 유대의 바위산에서 이것을 가르쳤습니다. 아마도 이것은 지구상에서 가장 중요한 법칙일 것입니다. 인간은 누구나 자신의 가치를 인정받기를 바랍니다. 적어도 자신이 중요한 존재임을 인정받고 싶어합니다. 경박한 아첨을 듣고 싶어한다는 얘기가 아닙니다. 진심에서 우러나오는 칭찬을 원합니다. 함께 일하는 파트너를 귀인으로 섬기십시오.

다른 사람을 공경하면 부귀와 명예 공경을 얻게 됩니다. 부귀와 명예, 공경은 사람으로부터 나오기 때문입니다.

"남을 섬기고 봉사를 했더니 나의 실력과 재능이 늘었다"고 고백하는 사람들이 많습니다.

만약 여러분이 대통령이 되고 싶다면 먼저 여러분에게 표를 줄 사람들을 낮은 자세로 섬겨야 합니다. 대통령이 되겠다면서 목에 힘부터 주면 사람들은 표를 주려고 했다가도 돌아섭니다. 권력이라는 칼자루를 쥐어주기에는 위협적으로 느껴지기 때문입니다.

섬김과 봉사의 자세로 열정을 다해 일할 때 사람들은 그를 더 높은 자리로 밀어 올립니다. 그에게 권력을 주어도 나에게 횡포를 부리지 않을 것임을 믿기 때문입니다.

진정한 리더십은 권력이 아닌 권위에서 도출되는 법이고, 권위는 혼자서는 절대로 만들어낼 수 있는 것이 아닙니다. 권위는 우리가 남을 위해 봉사하거나 희생하는 순간에 형성됩니다. 간디가 인도인들의 마음을 감동시켜 인도를 독립시킨 원동력이 된 것이나, 테레사 수녀가 전 세계인의 추앙을 받았던 이유가 바로 여기에 있습니다.

리드하고 싶다면 봉사하라

조직을 이끄는 자로서 리더의 역할은 아무리 강조해도 지나치지 않습니다. 경영과 리더십에 대한 관심과 연구는 끊이지 않고 계속되고 있으며, 현재까지 리더의 조직경영에서 인간경영, 자기경영에 이르기까지 온갖 형태의 리더십이 범람하고 있습니다. 그중에서도 서번트 리더십은 리더 자신을 먼저 갈고 닦아 진정한 '리더'로서 거듭나게 하는 도덕적 리더십이라는 점이 미덕입니다.

리더의 희생과 봉사는 사랑에 근거합니다. 서번트 리더십이 요구하는 사랑은 감정으로서의 사랑이 아닌 행동으로서의 사랑입니다. 서번트 리더십의 핵심은 존중하고 배려하는 것입니다.

궁극적으로 사람들이 조직으로부터 원하는 것은 존중받는 것, 조직의 발전에 기여하는 것, 자신의 가치를 인정받는 것입니다.

최선의 리더가 되려는 의도에 더하여 끊임없이 자신을 닦아 나가며 자신이 리드하는 사람들을 위한 희생과 봉사라는 실천행동에 매진하는 것, 그로부터 형성된 자연스러운 영향력, 권위에 기반한 강제함이 없는 자연스러운 리더십을 발휘하는 것, 이것이 서번트 리더십의 모델입니다.

서번트 리더십 실천 강령

서번트 리더의 주요 특성과 핵심은 다음과 같습니다.

- 경청(Listening) : 경청은 부하에 대한 존중과 수용적인 태도로 이해하는 것입니다. 리더는 적극적이고 능동적인 경청을 해야 부하가 바라는 욕구를 명확히 알 수 있습니다.
- 공감(Empathy) : 공감이란 차원 높은 이해심이라고 할 수 있는데 리더는 부하의 감정을 이해하고 이를 통해 부하가 필요한 것이 무엇인가를 알아내고 리드해야 합니다.
- 치유(Healing) : 치유는 리더가 부하들을 격려하면서 보살펴 주어야 할 문제가 있는가를 살피는 것입니다.
- 스튜어드십(Stewardship) : 리더는 부하들을 위해 자원을 관리하

고 봉사해야 합니다.

• 부하의 성장을 위한 노력(Commitment to the growth of people) :
리더는 부하들의 개인적 성장, 정신적 성숙 및 전문분야에서의 발전
을 위한 기회와 자원을 제공해야 합니다.

• 공동체 형성(Building community) : 리더는 조직구성원들이 서로
존중하며, 봉시하는 진정한 의미의 공동체를 만들어 가야 합니다.

전국시대 위나라 장수 오기 장군은 목적 달성을 위해 수단과 방법을 가리지 않는 인물입니다. 그에 관한 고사 중에는 그가 장수가 되기 위해 아내를 죽였다는 살벌한 이야기도 있지만, 매우 감동적인 일화도 전해지고 있습니다.

오기 장군이 중산을 공격할 때였습니다. 사병들이 머무는 막사를 지나가다가 신음소리를 듣게 됩니다. 한 병사가 다리에 고름이 차 괴로워하는 광경을 본 오기 장군은 자신의 입으로 고름을 빨아내고 붕대로 싸매 주었습니다.

눈길 한 번 받기도 어려운 일개 사병의 고통을 지나치지 않고, 악취를 풍기며 퉁퉁 부어오른 다리에서 피고름을 빨아내는 오기 장군의 모습을 본 병사들은 크게 감동하였습니다. 병사의 아픔을 자신의 아픔처럼 느끼는 장군을 위해 그 누가 목숨을 바치지 않을 수 있었을까요.

오기 장군이 보여준 행동은 입소문을 타고 전 군사에게 감동을 전달하였으며 결국 전쟁의 승리로 이어졌습니다. 고통이 극에 달할 때 한 인간으로서 존중받은 것, 공유의 감정이 온몸을 휘감아 모두가 하나로 화합하게 만든 것입니다.

성공하고 싶다면 여러분 주변의 유력하고 영향력 있는 사람뿐 아니라 작고 힘없는 사람까지 관심과 사랑으로 대해야 합니다.

액션 플랜
7

Simple - 단순함은 힘이 세다

사업설명의 귀재가 되어라

열정이 넘치는 사람이 하기 쉬운 실수가 바로 과장하는 것입니다. 과대광고 하지 마십시오. 단순하게, 원칙대로 해야 합니다.

세일즈맨의 임무는 고객의 마음을 움직여 제품을 사게 만들고 더 나아가 충성 고객으로 만드는 것입니다. 그렇게 하려면 고객의 부정적인 태도가 긍정적으로 바뀔 수 있도록 모든 방법을 총동원해야지요.

제품이 가지고 있는 장점을 하나씩 차분하게 설명해주고 사용 방법도 직접 보여줍니다. 또 다른 회사의 제품과 비교해서 우수한 점이 많다는 사실을 강조합니다. 이것은 고객이 상품에 대해 갖기 시작한 호감도를 높이는 데 큰 도움이 됩니다. 가장 일반적이면서 바람직한 방법입니다.

그런데 고객의 구매 욕구를 불러일으키는 데 지나치게 욕심을 부리다 보면 억지로 제품을 떠맡기려 한다는 인상을 풍기기 쉽습니다. 때로 제품을 사고 싶은 마음이 생겼다가도 과장된 태도 때문에 주춤거리거나 상품의 품질을 의심할 수도 있으니 주의해야 합니다.

또한 상대방이 기대치를 너무 높게 잡게 해서도 안 됩니다. "언제까지 승진시켜 줄게" 등과 같은 공수표를 남발해서는 안 됩니다. 자기만의 기준선을 정해놓고 말한 것보다 행동의 결과 값이 더 크게 나오도록 해야 사람들은 여러분을 믿게 되고 여러분의 리더십이 완성됩니다.

따귀를 맞더라도 원칙을 준수하라

어떤 비즈니스보다 사람이 중요하고 또 사람이 하는 일이다 보니 사람으로 인한 트러블도 왕왕 일어납니다. 관리자 입장에서는 사람 때문에 스트레스 받는 팀원들을 볼 때가 가장 안타까운 일일 것입니다. 특히 중간리더가 상처받지 않도록 주의하십시오. 중간리더는 인체의 허리나 마찬가지입니다.

사람 때문에 받는 스트레스를 최소화하는 가장 좋은 방법은 처음부터 원리원칙대로 진행하는 것입니다.

제가 가장 좋아하는 역사적 인물인 테무진은 소년 시절 규칙을 어긴 이복동생을 직접 돌로 쳐 죽였습니다. 먹을 것이 귀해 먹을 것을 극도로 아껴가며 버텨야 하는 시기에, 철없는 이복동생이 가족들 몰래 식량에 손을 댔기 때문이었습니다. 테무진은 미리 정해두었던 규칙을 추호의 망설임도 없이 실행에 옮긴 것이었지요. 현대인의 관점으로 보면 매우 비극적이고 잔혹한 일이지만, 원리원칙을 철저하게 지켰기 때문에 장차 사람들이 믿고 따르는 리더가 될 수 있었습니다.

회사의 시스템에 충실하십시오. 시스템은 일을 푸는 기준으로 삼으십시오. 단순하게, 스텝 바이 스텝으로 접근해야 상대의 마음을 쉽게 열 수 있습니다.

시간 관리는 빈틈없이 철저하게

일을 단순화하고 말한 것은 반드시 실천으로 옮기기 위해서는 먼저 시간을 효율적으로 관리하는 것이 필요합니다.

여러분은 바쁜 하루 일과를 마치고 집에 돌아오면 그날 무엇 무엇을 했는지 또렷이 기억하고 계십니까? 만약 그렇다면 축하드립니다. 지난 하루를 머릿속으로 되짚어볼 수 있다는 것은 시간을 계획성 있고 효율적으로 사용하고 있다는 방증이기 때문입니다.

놀랍게도 하루 일과를 잘 기억하지 못하는 경우가 대부분입니다. 점심 메뉴가 뭐였는지도 한참을 생각해야 겨우 기억할 정도입니다. 사람도 많이 만났고 얘기도 많이 나누고 여기저기 바쁘게 다닌 것 같은데 시간 순으로 설명하려고 하면 도무지 정리가 되지 않는 것입니다. 시간 관리에 완전히 실패하고 있다는 얘기입니다.

시간을 제대로 효율적으로 쓰지 않으면 능률도 오르지 않고 성과도 미비하게 나타날 수밖에 없습니다. 리더가 되더라도 정리가 되어 있지 않으니 자신의 노하우를 전수할 수도 없습니다.

업무 과정을 단순화해서 시간낭비를 줄이십시오. 집중을 방해하는 요소들을 최소화하십시오. 그래야 복사도 수월합니다. 해야 할 일은 미루지 말고 그때그때 처리하십시오. 우선순위를 정하십시오.

요즘은 한 번에 여러 가지 일을 하는 멀티태스킹이 대세라고 하지만 2009년 스탠포드대학교가 연구한 바에 따르면 멀티태스킹은 한 가지 일을 하는 것보다 생산성이 떨어지며, 멀티태스킹에 능하다고 자처하는 사람들은 무관한 정보를 걸러내는 것에 어려움을 겪는 것으로 나타났습니다. 중요한 일부터 한 번에 하나씩 마무리해가는 습관을 들이십시오.

이메일이나 SNS는 새로운 메시지가 뜰 때마다 들여다볼 게 아니라 특정 시간을 정해 한꺼번에 확인하십시오. 그리고 확인과 동시에 보관할 필요가 없는 메일은 그때그때 지우십시오.

공과금과 세금은 미루지 말고 즉시 처리하는 등의 사소한 것도 시간을 더욱 효율적으로 쓰게 해줍니다.

자신이 가지고 있는 것 중에서 가장 소중한 것이 시간이라는 것, 그리고 반드시 가장 중요하게 여겨야 할 것 또한 '시간'이라는 것을 잊지 말아야 합니다.

모든 사람에게 하루에 24시간이라는 시간이 주어집니다. 그 시간을 의미 있게 만드는 것은 바로 여러분의 몫입니다. 정말로 당신이 자기 일에 대해 진지하게 생각한다면 다른 사람에게 맡겨도 충분한 일에 시간을 낭비해서는 안 됩니다.

일이란 주어진 시간 내에 완료했을 때 가장 효율적인 것이라는 것을 꼭 기억하십시오.

〈시간관리 노트의 예〉

1. 자명종 시계는 30분 일찍 맞춰 놓는다.

2. 잠들기 전에 다음날 입을 옷을 준비한다.

3. 설거지를 하면서 다음 식사 준비를 한다.

4. 화장은 10분 안에 마친다.

5. 마트에는 일주일에 한 번만 간다.

6. 우편물 정리와 수납 정리에 신경 쓴다.

7. 사소한 일은 다른 사람에게 맡긴다.

8. 빨래는 일주일에 한 번만 한다.

9. 텔레비전은 꼭 봐야 할 한두 개의 프로그램만 본다.

이창우의 귀감(龜鑑) 〈15〉

아이폰, 맥 등으로 유명한 '애플'은 단연코 세계 최고의 브랜드 중 하나일 것입니다. 세계 최고의 브랜드는 제품의 품질과 매력만으로 탄생하지 않습니다. 언제나 강력한 마케팅이 뒷받침되지요. 애플의 마케팅은 그 제품만큼이나 심플하고 세련되기로 정평이 나 있습니다.

세계 최고의 기술 기업 중 하나지만 애플의 광고는 첨단 기술이나 화려한 기능에 대해 이야기하지 않습니다. 언제나 삶에 자연스럽게 녹아든 애플의 제품을 보여주며, 애플이 얼마나 당신의 삶을 풍요롭게 해주는지, 기술이 얼마나 사람들의 창의성을 자극하는지, 때로는 얼마나 따뜻하게 서로를 연결해 주는지를 차분하고 세련된 어조로 전달합니다. 그리고 그것이 가능했던 모든 이유는 바로 스티브 잡스였습니다. 스티브 잡스는 결과로서의 심플함을 얻기 위해서 모든 업무 과정을 최대한 심플하게 만든 것으로도 유명합니다.

잡스가 1997년 애플에 복귀하여 가장 먼저 한 일 중에 하나는 수십 개에 달했던 애플의 컴퓨터 제품군을 단 4개로 정리한 것이었습니다.

제품 그 자체만큼이나 마케팅을 중요하게 여긴 잡스는 때문에 마케팅도 직접 관리했지요. 잡스는 수많은 회사들이 가지고 있는 중간 과정을 모두 생략해 버렸습니다. 심플한 결과를 얻기 위해서는 과정까지도 심플해야 한다는 믿음 때문이었습니다. 마케팅 아이디어를 보고받을 때 마케팅팀 과장, 부장, 팀장, 임원의 보고와 승인 없이 처음부터 바로 자신과 직접 미팅하도록 했습니다. 그렇기 때문에 명확하게 납득할 수 없는 이유로 마케팅이 수정되거나 폐기될 일이 없었습니다. 불필요한 결제를 거칠 필요도 없었기에 아이디어의 전환과 실행도 매우 빨랐습니다.

이처럼 제품은 물론 제품을 생산하는 프로세스까지도 최대한 심플하게 유지한 결과는 놀라웠습니다. 오랫동안 적자에 시달리던 기업이 가파르게 성장해 세계 최고의 기업이 된 것이었습니다.

Service - 리더란 봉사하는 사람

헝그리 정신으로 무장하리

　과거 로마제국은 엄청나게 크고 강한 나라였습니다. 경제와 문화 군사력 모두가 월등해서 아무도 로마가 망하게 되리라고는 상상도 하지 못했지요. 여러분, 현재의 북유럽과 중동북부지역까지 점령했던 로마가 왜 갑자기 쇠락했는지 아십니까? 풍족함이 지나쳤기 때문이었습니다.

　로마시대 말기에는 하도 음식이 넘쳐나니 귀족들은 고기를 씹다가 육즙만 빨아먹고 뱉었다는 기록이 있을 정도였습니다. 말 그대로 하루 종일 먹고, 마시고, 파티하고, 연애하는 것이 그 당시 로마 상류층이 하는 일의 전부였습니다. 남자들이 힘들게 군대생활 하기도 싫어서 게르만족, 즉 유럽 백인들을 용병으로 고용해서 나라의 국경을 지키게 했지요. 결국 로마는 그 백인 용병들에 의해서 너무나도 허무하게 무너지게 됩니다.

기억하십시오. 풍요로워지면 망하기 시작합니다.

사람도 마찬가지입니다. 사람은 어려울 때, 불편할 때, 고난 속에 있을 때 성장합니다. 하지만 최선을 다해 역경을 빠져나오고 꿈에 그리던 성공을 이루게 되어 생활이 안락하게 되면 개구리가 올챙이 적 생각을 못하듯 초심을 잃고 교만해지기 시작합니다. 우주의 기운이란 것은 참으로 신비합니다. 어느 정도 목표를 이루었다는 이유로 열정을 잃고 마음에 나태함과 방만함이 가득해진 사람에게서 그를 감쌌던 성공의 기운도 서서히 수그러들기 시작하는 것을 저는 너무도 많이 보았습니다. 잘 굴러가던 사업이 갑자기 어려워지고 하향세로 접어드는 것입니다.

첫 성공의 단물을 마실 때가 가장 위험한 순간입니다. 성공의 순간을 즐기지 말라는 말은 아닙니다. 하지만 그 달콤함에 너무 오래 취해 있지는 마십시오. 목표를 이루었다면 여러분은 이미 많은 사람들의 멘토이자 리더가 되어 있을 것입니다. 리더의 본분에 충실하다면 교만해질 염려도 없고 성공의 기운도 더욱 커질 것입니다.

궂은일에 솔선수범하라

리더는 기꺼이 불편함을 감수할 수 있는 사람입니다. 아니, 불편해지는 것을 당연시하는 사람입니다. 목에 힘들어가는 것을 경계하십시요. 사람들이 추앙할 때마다 오히려 몸을 낮추시고 솔선수범하십시요. 회의 시간이 10시라면 30분 먼저 나가서 준비하십시오. 바닥이 지저분해 보이면 직접 빗자루도 들고 나설 줄 알아야 합니다.

"그래도 체면이 있는데……."

"내가 허드렛일 할 급은 아닌데……."

이렇게 말씀하시는 분이 있다면 그분은 리더의 자격이 없는 분입니다. 최고의 리더는 누구일까요? 바로 가장 열심히 봉사하는 사람입니다. 존경받는 리더가 되려면 아랫사람을 부림의 대상이 아니라 섬김의 대상으로 보고 관계를 맺어야 합니다. 아랫사람뿐만이 아닙니다. 함께 일을 하는 동료, 파트너 또한 마찬가지입니다.

여러분은 선택받은 존재입니다. 하늘이 선택한 최고의 사람입니다. '내'가 귀하므로 내가 만나는 사람들도 모두 귀인입니다. 모든 사람을 서번트 리더십으로 대하십시오.

자기 자신이 얼마나 가치 있고 귀한 존재인지 깨달으려면 다른 사람도 아름답고 귀한 존재라는 사실부터 깨달아야 합니다. 상대방의 단점보다는 장점을 보십시오. 저절로 상대방을 바라보는 눈빛이 달라지고 상대도 그것을 느낍니다. 억지로 꾸미는 말이 아닌 마음에서 우러나온 칭찬을 하게 됩니다.

그렇다고 무조건 자기를 낮추어서는 안 됩니다. 낮추는 선을 넘어 자신을 비하하는 것은 금물입니다. "제 주제에……", "가방 끈도 짧고 경험도 일천해서……" 등등은 겸손이 아니라 자기 비하입니다. 이런 사람에게 사람이 모일 리 없겠죠. 자신을 스스로 높이면서 상대방을 대접하는 센스가 필요합니다.

밥사, 감사, 봉사

누군가 학사, 석사, 박사보다 더 높은 학위가 있다고 합니다. 바로 "밥사"입니다.

사업을 잘하는 사람들의 공통점은 밥을 잘 사는 것입니다. 그들은 항상 주위 사람들에게 고마워하면서 밥을 삽니다.

제가 아는 어떤 사장님은 항상 밥을 사는 사람으로 유명합니다. 여럿이 모여서 식사를 하고 나면 어느새 벌써 계산을 마치기 일쑤입니다. 그분은 항상 주변 사람들에게 "덕분에 사업을 잘하고 있습니다, 감사합니다" 하면서 밥을 삽니다. 날이 가고 해가 가면 갈수록 그 사장님의 사업은 무섭게 번창하고 있습니다. 뿌린 대로 거두는 것입니다.

2012년 겨울 화장품 사업을 다시 시작했을 무렵의 일입니다. 방배동에 조그만 사무실을 열었는데 부업자가 많은 관계로 제1회 원데이세미나를 시작할 때부터 시작 파기한 시간 전에 찰밥을 지어와 참석자들이 요기를 할 수 있게끔 했습니다.

이후 사당의 100평 사무실로 확장을 한 이후에도 지금까지 쌀을 한번에 10 가마씩 사두고 170명 정도가 따듯한 밥을 해서 마음껏 같이 신나고 즐겁게 나누어 먹습니다. 각자 조금씩 가져온 반찬과 정담을 나누며 함께 식사하는 동안 해묵은 감정 등 응어리는 그냥 같이 소화되어 버리기 마련이지요. 누군가가 "이창우 당신 어떻게 19개월만에 월 1억의 신화를 만들어 냈느냐"고 묻는다면 저는 주저 없이 매주 목요일 10시 75차까지 한 번도 거름 없이 밥을 같이 먹으며 떡잔치, 과일파티를 한 원데이 세미나의 힘이었다고 대답할 것입니다. 저도 밥사의 힘으로 사업에 성공한 것이지요.

"밥사"보다 더 높은 것이 있는데 그게 바로 "감사"입니다.

참으로 놀랍게도 항상 감사하는 사람에게는 감사할 일이 자꾸 생깁니다. 원하는 대로 일이 잘 풀리지 않을 때에도, 스트레스 받고 마음에 답답한 일이 일어난 순간에도, 부정적인 말은 빈 캔을 찌그러뜨리듯 발로 밟아서 뻥 차버리고 "감사"라는 단어를 입에 올려보시기 바랍니다. 말의 힘은 참으로 대단한 것이어서 "고맙습니다"라는 말을 소리 내어 말하는 것만으로도 밝은 기운이 퍼지고 실제로 긍정적으로 상황이 바뀌는 기적이 일어납니다.

감사보다 더 높은 것도 있을까요? 네, 있습니다. 바로 "봉사"입니다. 남에게 베풀기는 더 많은 돈을 불러들이는 강력한 행위입니다. 세상에서 가장 부유한 사람들이 바로 세상에서 가장 큰 자선사업가라는 점은 놀라운 일이 아닙니다. 그 사람들은 막대한 돈을 베풀고, 이때 끌어당김의 법칙에 따라 우주가 거대한 수문을 열어 그 몇 배가 되는 엄청난 돈을 되돌려줍니다. "감사"를 입버릇처럼 하면 실제로도 감사한 일이 많이 생기는 것과 마찬가지의 원리입니다. 사랑을 많이 베풀면 더 많은 사람들이 날 사랑해주는 것과 마찬가지입니다.

"나한텐 남들에게 베풀 정도로 돈이 많지 않아"라고 생각한다면, 왜 당신이 돈이 많지 않은지 제대로 맞힌 셈입니다.

줄 만큼 없다고 생각하더라도 베풀기 시작하십시오.

그로써 당신의 믿음을 우주에 증명하면, 끌어당김의 법칙에 따라 그 몇 배가 되는 돈을 받게 될 것입니다.

가슴으로 만나라

미국에 있는 사학 명문 입시학교로 필립스 아카데미가 있습니다. 200년 이상의 전통을 자랑하는 이 학교는 미국의 전현직 대통령인 부시 부자가 다닌 학교로도 유명합니다. 동문 35명 중 1명 꼴로 미국 명사 인명사전에 올라 있고, 백만장자가 되는 비율도 가장 높은 명문 중의 명문이지요.

도대체 어떤 교육을 하기에 이러한 결과가 나타나는 걸까요?

답은 건학 이념에 있었습니다. 설립자인 사무엘 필립스가 성경에서 영감을 받아 정한 건학 이념은 '나보다 남을 먼저 생각하는 마음'이었습니다. 나를 위해서가 아니라 공동체와 사회를 위해, 인류의 더 나은 삶을 위해 공부한 아이들이 더 높은 비율로 사회지도층이 되고 억만장자가 되었다는 것은 여러 가지로 시사하는 바가 많습니다.

이웃에게, 가족에게, 팀원에게, 고객에게 감사하고 봉사하는 삶을 살아야 합니다. 마음을 다해 남을 위할 때, 우주의 전 존재가 여러분의 성공을 기원해줄 것입니다.

'자동차 왕'으로 불린 헨리 포드는 현재의 포드 자동차를 만든 자동차 업계의 신화입니다. 하루는 어떤 사람이 포드에게 "갑자기 불이 나서 모든 재산이 다 잿더미가 되면 어떻게 하시겠습니까?" 하고 물었습니다.

포드는 여유롭게 대답했습니다.

"나는 사람들에게 도움이 되는 좋은 제품을 개발해 값싼 가격에 대량 공급해서 5년 이내에 다시 백만장자가 될 자신이 있소."

남을 돕다 보면 자기에게도 이익이 돌아옵니다. 진정한 성공이란 남들을 많이 도와준 결과로 열리는 열매와 같은 것입니다.

힌두 격언에도 "형제의 배가 강을 건너도록 도와주어라. 그리고 살펴보라. 그러면 너의 배 또한 이미 강변에 도달해 있음을 발견하게 될 것이다"라는 내용이 있습니다.

성경 또한 "자기 이익만 생각하지 말고 남의 이익도 함께 생각해 주"라고 가르치고 있습니다.

헬렌 켈러는 또 이렇게 말했습니다. "인생은 재미있다. 남을 위해 살면 더 재미있다."

배려와 친절을 베풀면 결국 나에게 돌아옵니다. 우리는 서로를 돕기 위해 이 세상에 살고 있는 것입니다. 세상은 양육강식의 현실이 지배하는 것처럼 보이지만, 사실 서로가 서로를 돕고 사는 것이 모두가 사는 길임을 깨달아야 합니다.

Sweet - 부드러움이 곧 힘이다

저는 오랫동안 많은 사람을 만나 왔습니다. 그들 중에는 자신의 가장 큰 장점이 대인관계술이라고 말하는 이들이 많았습니다. 심지어 눈도 제대로 맞추지 못하고 날씨나 스포츠 등 일상적인 대화도 잘 못하면서 인간관계에 대해 논하는 사람도 있었지요. 그들이 하는 말대로라면 모두 성공하고 부자가 되었어야 하지만 현실은 그렇지 못했습니다. 인간관계가 중요하다는 것을 아는 사람은 많아도 정작 어떻게 해야 좋은 것인지 아는 사람은 적기 때문입니다.

내가 아무리 친하다고 생각해도 상대방은 전혀 그렇게 생각하지 않는다면 아무런 소용이 없습니다. 인간관계는 내가 아니라 상대방이 느끼고 판단하는 것이 중요한 것입니다. 즉 인간관계를 잘 맺는 핵심은 상대방이 자신을 편안하게 느끼고 가깝게 지내고 싶도록 만드는 데 있습니다.

아이스크림처럼 부드럽게, 달콤하게

리더는 부드럽고 편안해야 합니다. 나긋나긋해지십시오. 너무 강한 사람은 편안하게 느껴지기 힘듭니다. 소위 기가 세다는 사람은 사람들을 끌어 모으기도 하지만 밀어내는 작용도 만만치 않습니다. 왠지 피하고 싶어지죠. 누구나 가까워지고 싶은 사람이 되십시오. 그러자면 가장 먼저, 얼굴에 항상 미소를 지으셔야 합니다.

저는 1:1로 상담할 때 절대 목소리를 높이지 않습니다. 젊었을 때는 제가 잘난 줄 알고 똑똑한 줄 알았습니다. 어느 날 혼자 열심히 떠들다 정신을 차려보니 아무도 듣고 있지 않더군요. 누구나 말을 하고 싶은 욕구가 있는데, 저만 일방적으로 떠드니 듣는 사람들도 귀를 닫아버린 것입니다.

사람들을 만나 식사를 하면서 대화를 한다, 그러면 저는 최대한 다른 사람의 말을 들으려고 노력합니다. 말하기보다 듣기에 집중하니 전보다 밥 먹기가 수월해졌다는 장점도 있더군요.

팀 미팅을 하는데 누군가가 말을 지나치게 많이 한다면 리더가 적절히 조절해 모든 팀원이 골고루 의견을 개진할 수 있도록 해야 합니다. 주도권이 어느 쪽으로 너무 쏠리지 않도록 균형을 유지하는 것은 리더라면 반드시 신경 써야 하는 일입니다.

분위기를 전환하고 싶다면 질문하십시오. 만약 말할 기회를 얻지 못하는 사람이 보이거나, 미팅에 소극적으로 참여하는 사람이 있다면 "다들 좋은 말씀 해주셨네요, 그럼 000님 생각은 어떠세요?" "지난 한 주간 어떠셨어요?" 하는 식으로 질문을 던지는 것입니다. 편안하게 자기 생각을 할 수 있도록 분위기를 조성해 주십시오.

리더는 팀원들 중 누구도 소외감을 느끼지 않도록 해야 합니다. 한 사람 한 사람을 소중하고 가치 있는 존재로 대해야 합니다. 그리고 절대 명심해야 할 것은 카톡이나 문자로 장구하게 싸우는 함정에 빠지지 마세요. 이것은 곧 다른 사람 모두에게 전달되어 당신의 리더십에 엄청난 파장을 몰고 올 수 있습니다. 오해가 있을수록 직접 만나서 대화하고 온몸으로 경청하는 것이 중요합니다. 상대는 그런 시간을 내 주는 것 자체로 이미 마음의 굴절에 반은 해소 되는 수가 많습니다.

그리고 리더는 반드시 수첩을 가지고 다녀야 합니다. 메모를 한다는 것은 자기 자신을 겸손한 위치로 내려놓는 것을 의미합니다. 누군가의 말을 들을 때 수첩을 펼쳐놓고, 상대방과 눈을 마주치며 주의 깊게 들으며 메모를 하십시오. 상대방은 여러분의 그런 모습에서 감동을 느낍니다. 존중받는 기분을 느낍니다.

질문하고, 메모하고, 다시 한 번 확인하십시오. 리더다운 모습입니다. 아이컨택, 상대방의 말을 주의 깊게 듣는 것. 부드러움의 시작입니다.

사과하는 것을 두려워하지 마라

실수가 있을 때는 반드시 사과하십시오. 간혹 내가 직급이 더 높다고, 내 나이가 더 많다고, 체면 때문에, 본인이 잘못을 해놓고도 제대로 사과하지 않는 분들이 있습니다. 인맥이 금맥인 비즈니스 세계에서 자존심은 성공을 방해하는 흙탕물일 뿐입니다. 이것저것 재지 말고 상대방 마음을 상하게 한 일이 있다면 먼저 다가가서 용서를 구하고 손을 내미십시오. 꿈을 위해서라면 사소한 자존심은 버릴 줄 알아야 합니다.

나의 자존심은 하찮게 여길 줄 알면서도 다른 사람의 자존심은 애써서 돌보아주는 것도 필요합니다.

남이 실수를 저질러 고통스러워할 때 화를 내는 건 상처에 소금을 뿌리는 격입니다. 거꾸로 아픔을 감싸 안아주면 그 자리에 감사와 사랑이 흐르게 됩니다. 상대방의 자존심을 나의 자존심처럼 소중하게 생각하십시오. 상대방의 마음을 상하게 했다면 주저하지 말고 사과하십시오. 리더라면 감사에도, 칭찬에도, 사과에도 능숙해야 합니다.

자존심이라는 꽃이 떨어져야 인격의 열매가 맺힌다는 것을 기억하십시오.

패션도 전략이다

우리는 사람을 처음 만나면 우선 옷차림을 통해 그의 직업이나 생활환경을 추측하게 됩니다. 따라서 의상도 전략적으로 입어줄 필요가 있습니다.

의상에서 가장 중요한 것 세 가지를 일컬어 TPO라고 합니다. TPO란 시간(Time), 장소(Place), 때(Occasion)의 약자인데, 시간과 장소, 때에 맞는 옷차림을 해야 한다는 뜻이지요. 무슨 목적으로 어느 곳에 가서 누구를 만나는가를 고려해서 그 상황에 가장 적합하게 입는 것이 중요합니다.

정치인을 보십시오. 선거 유세를 할 때 보면 대상이나 방문지가 어딘가에 따라 의상이 수시로 바뀝니다. 생활 형편이 어려운 지역을 방문할 때는 수수한 점퍼 차림에 운동화를 신고 갑니다. 대중을 상대로 연설을 할 때는 깔끔하게 정장을 입고 혹 방송 인터뷰가 있을 때는 메이크업을 받습니다.

정치인뿐만 아니라 경영자도 마찬가지입니다. 일본 최고 성공한 벤처 경영인인 호리바 마사오는 "자기 얼굴을 갖지 못하는 경영자는 성공할 수 없다"고 단언적으로 말했습니다.

사장의 이미지는 곧 회사의 신뢰도와 연결됩니다. 옷차림이야 어떻든 외모가 어떻든 일만 잘한다고 말하는 사람들은 마인드를 바꿔야 합니다. 그런 과거는 흘러간 지 오래이기 때문입니다. 더구나 우리의 제품은 여성의 미와 직결되어 있는 화장품입니다. 친근하면서도 아름답게, 멋지게 보이도록 자신을 꾸밀 줄 아는 사람이 진정한 프로입니다.

바람직한 의상

정장 차림이 가장 상대방에게 신뢰를 주고 품위 있게 보입니다. 가장 무난한 정장은 아래위 같은 무늬로 된 한 벌의 수트입니다. 남성의 경우 흰색 드레스셔츠에 투 버튼 수트가 일반적이고 여성의 경우 스커트 길이가 무릎 위 5cm 넘지 않고 구두굽 높이도 5cm 높이입니다. 옷의 상표보다 중요한 것이 청결입니다. 아무리 비싼 옷을 입었다 하더라도 구김이 가 있고 얼룩이 묻었다면 좋은 인상을 줄 수 없겠지요. 액세서리는 최소한으로 하는 것이 좋습니다. 너무 화려한 장신구는 신뢰감을 떨어트립니다.

특히 남성복을 입을 때 수트 색깔을 고려하지 않고 흰 양말을 신는 것은 센스 없는 옷차림입니다.

이창우의 귀감(龜鑑) 〈17〉

여러분이 맡은 일에서 성공하고 싶습니까? 상사든 동료든 고객이든, 모든 사람이 여러분을 돕고 싶어서 안달이 나게 만들면 됩니다.
어떻게 해야 사람들이 여러분을 도우려 마음을 모으게 될까요?
여러분이 먼저 무엇인가를 주면 됩니다. 칭찬이든, 감사의 말이든, 작은 선물이든, 상대방이 여러분에게 빚진 것 같은 기분을 느끼게 하면 됩니다.
무엇이건 먼저 주십시오. 상대방의 있는 그대로의 모습을 존중하고,

미소를 보내고, 칭찬하고, 이름을 불러주십시오. 여러분 각자 모두가 우주가 선택해 이 세상으로 내보낸 귀인이듯, 여러분이 만나는 모든 사람들 역시 귀인인 것입니다. 어쩌면 하늘의 신이 허름한 청소부나 걸인의 모습으로 변장을 하고 여러분 앞에 앉아 있는 것인지도 모릅니다.

인간관계의 힘으로 백만장자가 된 덱스터 예거는 그의 저서 끝없는 추구에서 자신의 성공 이유를 다음과 같이 밝혔습니다.

"내 목표는 다른 사람들이 나와 함께 있을 때 자기 자신이 특별하고 괜찮은 사람이라는 느낌을 받아 나를 또다시 만나고 싶어 하도록 만드는 것입니다."

이 세상에 온 우리는 모두가 소중한 존재들입니다. 상품이 아니라 작품으로 존재하는 것입니다. 상품은 비교 우위에 있을 때 가치가 올라가지만 작품은 그 독창성으로 인해 절대적 가치를 지닙니다.

대화를 하며 상대방의 목소리에 귀를 기울이고 그 마음을 헤아리다 보면 어느 누구 하나 특별하지 않은 사람이 없습니다. 친구가 되어주고 싶다는 마음으로 상대를 정중히 대접하면 감동을 받은 그가 소문의 진원지가 되어 여러분에게 사람들이 모여들 것입니다. 마치 향기로운 꽃에 저절로 나비와 벌이 찾아들 듯이!

뉴 스타트!

"돈이 없는 사람은 항상 돈을 생각한다. 돈이 있는 사람은 오로지 돈만 생각한다." 세계적인 억만장자 폴 게티의 말입니다.

"돈은 가난보다 좋다. 오로지 재정적인 이유뿐이라고 해도 그렇다." 미국의 유명한 영화감독 우디 앨런의 말입니다.

"젊은 사람은 돈이 전부라고 생각한다. 더 나이를 먹게 되면 돈이 전부라는 것을 뼈저리게 느끼게 된다."

금세기 최고의 작가 중 한 명으로 손꼽히는 오스카 와일드의 문장입니다. 모두가 우리 인간의 생활과 행복을 위해 돈이 얼마나 중요한 것인지 강조하는 소중한 조언들입니다. 이 외에도 돈과 관련된 현명한 금언은 셀 수도 없이 많지요.

물론, 행복해지는 데는 돈이 그리 중요하지 않다고 말하는 사람도 있습니다. 하지만 그렇게 말하는 사람조차 자연스럽고 합당하며 보람된 방법으로 많은 돈을 벌 수 있다고 한다면 결코 부자가 되는 일을 마다하지 않을 것입니다. 이와 관련해 독일의 심리학자 볼프강 크뤼거는 이런 말을 남겼습니다.

"돈이란 그리 중요하지 않다고 주장하는 사람은 그저 (부유하지 못한) 자기 자신을 보호하려는 것이다. 실상 거의 모든 사람들이 은밀하게 부자가 되려는 꿈을 꾸고 있다. 대부분의 사람들이 그 꿈을 억눌러 잊으려고 하는 것은 다만 그 꿈이 너무 비현실적이기 때문이다."

즉 부자가 될 가능성이 없다고 생각하는 사람들이 부자가 되지 않아도 좋다고, 인생에서 돈은 그리 중요하지 않다고 말한다는 것입니다. 하지만 대부분의 꿈들은 돈이 없으면 이룰 수가 없습니다. 음악가가 되고 싶다면 값비싼 악기를 사야 하고, 운동선수가 되고 싶다면 고액의 훈련비를 지불해야 합니다. 세계여행, 드림카, 내 집 마련과 같은 꿈들 중 어느 것 하나 돈 없이 이룰 수 있는 일은 없습니다. 또한 돈은 '존경과 사랑을 받는 가장 쉬운 방법'이기도 하지요. 매일같이 주변에 돈을 빌려야 할 정도로 가난하면 친척도 친구도 등을 돌리는 세상입니다.

이렇듯 물질적인 풍요는 의심의 여지없이 자유롭고 행복한 삶을 위한 필수적인 전제 조건입니다. 돈만 있다고 행복해질 수는 없겠지만 돈이 없다면 결코 행복해질 수 없는 게 우리가 살아가는 지금 이 사회의 현실이지요.

자, 그러니 단순하게 정리한다면 여러분의 1차적 꿈은 부자가 되는 것입니다. 행복해지기를 원하는 여러분이라면 반드시 성공할 필요가 있는 것이지요. 지금까지 감히 부자가 될 수 있으리란 생각을 하지 못했다면, 지금부터라도 간절하게 부자가 되고 싶다는 생각을 구체적으로 품으십시오. 왜냐고요? 부자가 되기를 꿈꾸며, 자신의 가능성을 믿고 실천해 나가는 사람은 누구나 부자가 될 수 있기 때문입니다!

요즘 같은 정보화 시대에도 경제에 관련된 지식이 없거나 배울 생각조차 하지 않는 사람이 굉장히 많습니다. 부자는 의지로 되는 것이 아니라 복권에 당첨되는 것처럼 순전히 운에 달린 일이라고 믿기 때문입니다.

하지만 부자가 되는 방법은 있습니다! 누구나 부자를 꿈꾸지만 실행에 옮기는 사람은 열에 하나도 되지 않을 뿐입니다. 마치 복권에 당첨되기를 바라지만 복권을 사지 않는 사람들처럼 말입니다.

그러나 이 책을 읽으신 여러분은 다릅니다. 여러분은 자신이 성공할 것이라는 운명을, 부자가 될 운명이라는 것을 확신하고 있다고 저는 생각합니다. 이 책을 선택했고, 끝까지 읽으셨으니까요.

즉 여러분은 성공하기 위해 태어난 사람들인 것입니다.

자, 지금부터 성공의 길을 걸을 준비, 되셨습니까?

시작하십시요!

저자 강의 문의

E-mail : hopesale@hanmail.net

시작하라

장성철 지음 / 120쪽 / 값 6,000원

손에 잡히는 SUCCESS 총서 001

시대의 경제 흐름을 파악하고 미래를 예측하고자 하는 모든 이들을 위한 가이드북으로, 진정한 삶과 행복이란 무엇이며 성공에 대한 확신과 함께, 무엇을 준비해야 할지를 소개하며 1인 비즈니스의 로드맵을 제시한다.

네트워크 비즈니스가 당신에게 알려주지 않는 42가지 비밀

허성민 지음 / 132쪽 / 값 6,000원

손에 잡히는 SUCCESS 총서 002

네트워크 비즈니스라는 신개념 비즈니스에 참여하기에 앞서 반드시 짚고 넘어가야 할 핵심 42가지를 꼼꼼하게 제시한다. 네트워크 사업에 대한 깊이 있는 성찰까지 고루 담고 있는 만큼 처음 시작하는 이들에게는 필수적인 지침서 역할을 한다.

액션플랜

이내화 지음 / 208쪽 / 값 9,000원

손에 잡히는 SUCCESS 총서 003

평생직업의 시대에 든든한 자산이 되어주는 것은 인간관계임을 깨우치고, 고객의 개념을 어떻게 정립하고 어떻게 나의 고정자산으로 만들 것인지에 대한 방법론을 제시한다. 고객을 내 편으로 만들기 위한 사고의 전환, 행동의 전환을 유도하는 가이드북으로써 구체적인 고객관리 매뉴얼을 제시한다.

변화속의 기회

박창용 지음 / 94쪽 / 값3,000원

네트워크비즈니스 성공시스템 1

많은 선진국들에서 가장 과학적이고 효율적인 비즈니스 시스템으로 인정받고 있는 새로운 비즈니스를 통해 자신의 꿈을 이루는 방법에 대해 소개한다.

초기 3개월 성공테크

긴천흠 / 86쪽 / 값3,000원

네트워크비즈니스 성공시스템 2

네트워크 비즈니스는 훌륭한 성공 시스템을 통해 가장 효율적으로 성공에 도달할 수 있는 과학적이고 합리적인 사업이다. 하지만 처음 이 사업에 도전하는 이들에게 네트워크 비즈니스는 아직 첫 발을 성큼 디디기 어려운 미지의 세계처럼 여겨질 것이다. 사업 성공에서 가장 중요한 초기 3개월을 어떻게 보내면 좋을지를 살핌으로써 훌륭한 네트워크 비즈니스 초기 플랜을 따라가 볼 수 있다.

나우유턴

최병진 / 144쪽 / 값7,000원

신개념 네트워크비즈니스에 대한 개괄과 실질적 사업 방향에 대해 살펴볼 수 있는 입문서로서 소비 패턴을 바꿔 그간 불필요하게 지불해왔던 유통비용을 나의 자산으로 전환시키는 방법에 대해 상세하게 다루고 있다. 또한 사업 초기 시 부터 정착을 위해 필요한 노하우와 함께 사업진행을 위해 단계별로 시작 할 수 있는 노하우를 구체적으로 소개하고 있다.

현대 의학을 넘어 각종 질병 예방과 함께
함께 읽으면 더 좋은 내 몸을 살린다 도서

비타민, 내 몸을 살린다 | 물, 내 몸을 살린다 | 면역력, 내 몸을 살린다 | 영양요법, 내 몸을 살린다 | 온열요법, 내 몸을 살린다 | 디톡스, 내 몸을 살린다 | 생식, 내 몸을 살린다

다이어트, 내 몸을 살린다 | 통증클리닉, 내 몸을 살린다 | 천연화장품, 내 몸을 살린다 | 아미노산, 내 몸을 살린다 | 오가피, 내 몸을 살린다 | 석류, 내 몸을 살린다 | 효소, 내 몸을 살린다

호전반응, 내 몸을 살린다 | 블루베리, 내 몸을 살린다 | 웃음치료, 내 몸을 살린다 | 미네랄, 내 몸을 살린다 | 항산화제, 내 몸을 살린다 | 허브, 내 몸을 살린다 | 프로폴리스, 내 몸을 살린다

아로니아, 내 몸을 살린다 | 자연치유, 내 몸을 살린다 | 이소플라본, 내 몸을 살린다 | 건강기능식품, 내 몸을 살린다

『내 몸을 살린다』시리즈에 대해 더 자세히 알고 싶으시면 왼쪽의 **QR코드**를 찍어보세요!

낱권으로 전국 서점에서 구입할 수 있습니다

각권 3,000원

내 몸을 살린다
시리즈 전 25권

짧게, 건강하게, 오래오래 살고 싶은 현대인들의 필독서!
누구나 100세까지 건강하게 살 수 있다!

정윤상 외 지음 / 전 25권 세트 / 값 75,000원

열 다섯 번 실패하고 다시 일어섰다
진짜 기회를 만나라

1판 1쇄 인쇄 | 2014년 07월 25일
1판 1쇄 발행 | 2014년 08월 05일

지은이 | 이창우
발행인 | 이용길
발행처 | 모아북스 MOABOOKS

관리 | 정윤
디자인 | 이룸

출판등록번호 | 제 10-1857호
등록일자 | 1999. 11. 15
등록된 곳 | 경기도 고양시 일산동구 호수로(백석동) 358-25 동문타워 2차 519호
대표 전화 | 0505-627-9784
팩스 | 031-902-5236
홈페이지 | http://www.moabooks.com
이메일 | moabooks@hanmail.net
ISBN | 978-89-97385-47-8   03320